Die Übermittlung personenbezogener Daten in Drittstaaten nach dem BDSG

AF883951

# Europäische Hochschulschriften

Publications Universitaires Européennes
European University Studies

**Reihe II**
**Rechtswissenschaft**

Série II Series II
Droit
Law

**Bd./Vol. 4808**

PETER LANG
Frankfurt am Main · Berlin · Bern · Bruxelles · New York · Oxford · Wien

Maria Kahl

# Die Übermittlung personenbezogener Daten in Drittstaaten nach dem BDSG

## Handlungsoptionen international tätiger Unternehmen

PETER LANG
Internationaler Verlag der Wissenschaften

**Bibliografische Information der Deutschen Nationalbibliothek**
Die Deutsche Nationalbibliothek verzeichnet diese Publikation in der Deutschen Nationalbibliografie; detaillierte bibliografische Daten sind im Internet über <http://www.d-nb.de> abrufbar.

Gedruckt auf alterungsbeständigem,
säurefreiem Papier.

ISSN 0531-7312
ISBN 978-3-631-58453-8

© Peter Lang GmbH
Internationaler Verlag der Wissenschaften
Frankfurt am Main 2009
Alle Rechte vorbehalten.

Das Werk einschließlich aller seiner Teile ist urheberrechtlich geschützt. Jede Verwertung außerhalb der engen Grenzen des Urheberrechtsgesetzes ist ohne Zustimmung des Verlages unzulässig und strafbar. Das gilt insbesondere für Vervielfältigungen, Übersetzungen, Mikroverfilmungen und die Einspeicherung und Verarbeitung in elektronischen Systemen.

Printed in Germany 1 2 3 4 5 7

www.peterlang.de

## Danksagung

Das Thema Datenschutz ist nicht nur von akademischem Interesse, es ist auch hochaktuell. Dies belegen kürzlich ergangene Gesetze und Urteile sowie die zunehmend geführte öffentliche Debatte. Wie relevant Datenschutz gerade für länderübergreifend tätige Unternehmen ist, ist mir aus eigener Arbeitserfahrung bekannt. Diesen Unternehmen den praktischen Umgang mit Drittstaatenübermittlungen zu erleichtern ist das Ziel der vorliegenden, auf meiner Diplomarbeit beruhenden Publikation.

Am Übergang zwischen Ausbildung und Berufsleben bietet der Studienabschluss Anlass, wichtige Wegbereiter und -begleiter zu würdigen. Vor allem möchte ich meinem Erstgutachter Prof. Dr. Michael Jaensch für die Betreuung der Diplomarbeit und viele fachliche Anregungen danken. Prof. Dr. Dr. Volker Boehme-Neßler danke ich für die Erstellung des Zweitgutachtens. Beiden habe ich nicht zuletzt auch die Aufnahme in renommierte Förderprogramme zu verdanken, die sie durch Fürsprache und Empfehlungen bereitwillig unterstützt haben.

Zwei Stipendien haben mein Studium zu einer besonderen Erfahrung gemacht. Im Inland durch die Studienstiftung des deutschen Volkes gefördert zu werden und mit einem Fulbright-Stipendium ein Jahr lang in den USA studieren zu dürfen war eine große Ehre und Bereicherung. Neben materieller Unterstützung waren die Stipendiatentreffen und Seminarangebote von besonderem Wert sowohl für die fachliche als auch persönliche Entwicklung. Für diese großzügige finanzielle und ideelle Förderung bin ich meinen Stipendiengebern zu tiefem Dank verpflichtet.

Schließlich sei mein Familien- und Freundeskreis, aus dem ich viel Kraft und Halt geschöpft habe, dankend erwähnt. Mein besonderer Dank gilt dabei meinen Eltern, die mir zu jeder Zeit und in jeder Hinsicht ihre uneingeschränkte Unterstützung und ihr bedingungsloses Vertrauen geschenkt haben. Durch Zuhören, Hinterfragen und Korrekturlesen haben sie entscheidend zum Gelingen der Diplomarbeit beigetragen. Zum Dank dafür und in Anerkennung ihrer Lebensleistung widme ich ihnen dieses Buch.

Berlin, im September 2008 — Maria Kahl

**Vorwort**

Die zunehmend globalisierte und technologisierte Welt ist ohne Datenverarbeitung nicht mehr vorstellbar. Ständig werden Daten erhoben, gespeichert, verwaltet, vervielfältigt, neu zusammengestellt, ausgewertet, genutzt, übermittelt, archiviert und gelöscht. Besonders sensibel und missbrauchsanfällig sind dabei personenbezogene Daten. Unternehmen verfügen häufig über enorme Mengen ebendieser Daten und tragen daher eine große Verantwortung für ihren Schutz, insbesondere im internationalen Kontext.

Die vorliegende wirtschaftsjuristische Arbeit befasst sich mit der Übermittlung personenbezogener Daten in Drittstaaten. Dieser Vorgang ist zwar für viele weltweit agierende Unternehmen alltäglich, bedarf aber angesichts der vielschichtigen datenschutzrechtlichen Fragen einer eingehenden Betrachtung. Die Autorin setzt sich kritisch mit der nationalen Umsetzung der EG-Datenschutzrichtlinie auseinander und zeigt Handlungsoptionen international tätiger Unternehmen für die Datenübermittlung in Drittstaaten auf. Zudem weist sie auf die mit dem unternehmerischen Datenschutz verbundenen Chancen sowie auf aktuelle Entwicklungen hin.

Dieser Publikation liegt eine der FHTW Berlin am 22. Januar 2008 vorgelegte Diplomarbeit zur Erlangung des akademischen Grades Diplom-Wirtschaftsjuristin (FH) zugrunde, die von mir als Erstgutachter und von Prof. Dr. Dr. Volker Boehme-Neßler als Zweitgutachter betreut wurde. Aufgrund ihrer überragenden inhaltlichen Qualität und sauberen Methodik wurde die Diplomarbeit mit dem höchstmöglichen Prädikat bewertet und ist für den Vorschlag zur Auszeichnung mit dem Tiburtius-Preis 2009 vorgesehen. Meiner Diplomandin gratuliere ich zu diesem Erfolg und wünsche ihr für die Zukunft alles Gute.

Berlin, im August 2008 Prof. Dr. Michael Jaensch

**Inhaltsverzeichnis**

# A. Einleitung

## I. Ausgangssituation und Grundproblematiken

Datenschutz ist der Schlüssel zu einer Informationsgesellschaft, die den Menschen in seinen Entfaltungsmöglichkeiten fördert und ihn vor Manipulation, Betrug und Ausforschung schützt.[1] Gleichzeitig ist die Informationsgesellschaft aber, wie der Name bereits sagt, für ihr Bestehen und ihre Entwicklung auf Informationen angewiesen. Diesen Zielkonflikt spüren besonders Unternehmen. Einerseits erfordert der globalisierte Wirtschaftsverkehr einen möglichst freien Informationsfluss. Andererseits sind die Unternehmen, für die Informationen zunehmend zu einem strategischen Wettbewerbsfaktor werden,[2] zum Schutz personenbezogener Daten verpflichtet. In diesem Spannungsfeld versuchen die Datenschutzvorschriften einen Interessenausgleich zu schaffen, denn der Zugang zu Informationen und der Schutz von Informationen sind zwei Seiten derselben Medaille.[3]

Bereits auf nationaler Ebene hat das Unternehmen vielfältige Regelungen für den Umgang mit Daten zu beachten. Eine noch größere Herausforderung stellt der Datentransfer zwischen verschiedenen Ländern dar. Im Anwendungsbereich der EG-Datenschutzrichtlinie (im Folgenden: DSRL) kommt dem Unternehmen hierbei die weitgehende Harmonisierung der nationalen Datenschutzvorschriften zugute. Bei der im unternehmerischen Alltag oftmals nötigen Übermittlung von Daten in einen Drittstaat müssen jedoch besondere Voraussetzungen erfüllt werden. Datenschutz ist gerade in diesem Fall sehr wichtig und stellt speziell international tätige Unternehmen gleichzeitig vor eine Reihe praktischer Probleme.

---

1 *Schaar*, Digitalisierung und Datenschutz (siehe Anlage 1), 3.

2 *Büllesbach*, RDV 1997, 239, 240 f.; *Büllesbach*, RDV 2000, 1 ff.

3 *Vogt/Tauss*, Eckwerte-Papier (siehe Anlage 2), 13.

## II. Ziel der Arbeit

Ziel dieser Arbeit ist, die rechtlichen Rahmenbedingungen für den grenzübergreifenden Datentransfer vorzustellen. Als Basis dafür sollen die Rechtsgrundlagen des Datenschutzes beleuchtet werden. Die Betrachtung erfolgt dabei aus dem Blickwinkel eines beliebigen, weltweit agierenden Unternehmens, das seinen Hauptsitz in Deutschland hat oder rechtlich selbständige Tochterunternehmen in Deutschland betreibt. Es wird zu klären sein, unter welchen Voraussetzungen dieses Unternehmen Daten aus dem Inland in Drittstaaten übermitteln darf. Seine Handlungsoptionen sollen einer kritischen Betrachtung unterzogen werden, um die Eignung zur Absicherung einer Drittstaatenübermittlung zu bewerten. Schließlich soll untersucht werden, ob und inwiefern sich ein freiwilliges unternehmerisches Engagement beim Datenschutz lohnt.

## III. Themenabgrenzung und Begriffsbestimmungen

Diese Arbeit befasst sich ausschließlich mit den Datenschutzbestimmungen, die für Wirtschaftsunternehmen von Bedeutung sind. Zum Zweck der Betrachtung von Datenübermittlungen soll davon ausgegangen werden, dass die zu übermittelnden Daten rechtmäßig erhoben und gespeichert wurden. Auf die dafür geltenden Voraussetzungen der §§ 4, 28 - 30 BDSG wird nicht eingegangen. Ebenso wird auf eine eingehende Untersuchung der speziellen Vorschriften für den Datentransfer in die USA nach dem Safe-Harbor-Abkommen verzichtet. Auch die innergemeinschaftliche Datenübermittlung wird nur am Rande betrachtet.

Von dieser Arbeit nicht erfasst sind:

- Spezielle Probleme des Arbeitnehmerdatenschutzes.
- Spezielle Probleme des Datenschutzes bei Auftragsdatenverarbeitung
- Datenschutzrechtliche Probleme des Outsourcing.
- Datenschutzregelungen der deutschen Bundesländer (Landesdatenschutzgesetze).

- Datenschutz im technischen Sinne (technische Umsetzung der Datenschutzvorschriften).

Im Rahmen dieser Arbeit sollen wichtige Begriffe wie folgt definiert sein:

**Datenschutz**

Die Bezeichnung des ersten BDSG aus dem Jahre 1977 als „Gesetz zum Schutz vor Mißbrauch personenbezogener Daten bei der Datenverarbeitung" kann als Ausgangspunkt für die Sinnerschließung dienen. Ziel des Datenschutzes ist es, den Einzelnen vor der uneingeschränkten Sammlung und Speicherung von persönlichen Daten zu schützen. Der Begriff „Datenschutz" ist also eigentlich unzutreffend, da nicht die Daten als solche schutzwürdig sind, sondern vielmehr das Individuum auf das sich die Daten beziehen.[4] Folglich lässt sich Datenschutz als Gesamtheit aller Maßnahmen verstehen, die getroffen werden, um Individuen vor Missbräuchen bei dem Umgang (Erhebung, Verarbeitung, Nutzung) mit personenbezogenen Informationen zu schützen und seine Persönlichkeitsrechte zu wahren.[5]

**Personenbezogene Daten / Betroffener**

Personenbezogene Daten (im Folgenden: Daten) sind gem. § 3 I BDSG Einzelangaben über persönliche oder sachliche Verhältnisse einer bestimmten oder bestimmbaren natürlichen Person, den Betroffenen. Eine Person gilt als bestimmt, wenn die Daten mit dem Namen des Betroffenen verbunden sind oder sich aus dem Inhalt bzw. dem Zusammenhang der Bezug unmittelbar herstellen lässt.[6] Bestimmbar ist die Person, wenn sie durch die Daten nicht eindeutig identifiziert, jedoch durch entsprechendes Zusatzwissen, also mit Hilfe anderer Informationen, festgestellt werden kann.[7]

---

[4] *Gola/Klug*, Datenschutzrecht, 1; *Gola/Schomerus*, BDSG, § 1 Rn. 2.

[5] Schulung des Bundesamtes für Sicherheit in der Informationstechnik (siehe Anlage 3), 4.

[6] *Gola/Schomerus*, BDSG, § 3 Rn. 10.

[7] *Tinnefeld*, Datenschutzrecht, 280.

### Unternehmen

Das BDSG differenziert zwischen öffentlichen und nicht-öffentlichen Stellen. Hier soll vorausgesetzt werden, dass Unternehmen oder Konzerne die Legaldefinition einer nicht-öffentlichen Stelle i.S.d. § 2 IV BDSG erfüllen. Es handelt sich demnach um juristische Personen, Gesellschaften und andere Personenvereinigungen des privaten Rechts, die nicht unter die Definition einer öffentlichen Stelle fallen oder trotz ihrer privatrechtlichen Form keine hoheitlichen Aufgaben der öffentlichen Verwaltung wahrnehmen. Zudem wird vorausgesetzt, dass sie personenbezogene Daten automatisiert oder dateigebunden und nicht für persönliche oder familiäre Zwecke verarbeiten, § 1 II Nr. 3 BDSG. Denn nur kommerzielle Verarbeitungen, also solche, die geschäftsmäßig oder für berufliche oder gewerbliche Zwecke erfolgen,[8] unterliegen der Anwendung des BDSG. An beiden Voraussetzungen dürfte bei international tätigen, typischerweise als Kapitalgesellschaften aufgestellten Unternehmen regelmäßig kein Zweifel bestehen.

### Verantwortliche Stelle / für die Verarbeitung Verantwortlicher

Eine verantwortliche Stelle ist gem. § 3 VII BDSG jede Person oder Stelle, die personenbezogene Daten für sich selbst erhebt, verarbeitet oder nutzt oder dies durch andere im Auftrag vornehmen lässt. Die Definition des für die Verarbeitung Verantwortlichen in Art. 2 lit. d DSRL stellt klar, dass es sich dabei um natürliche oder juristische Personen sowie Behörden oder jede andere Einrichtung handeln kann, die allein oder mit anderen über die Zwecke und Mittel der Verarbeitung personenbezogener Daten entscheiden.

### Drittstaaten

Drittstaaten im datenschutzrechtlichen Sinne sind Nicht-EU-Länder, die folglich auch nicht in den Geltungsbereich der DSRL fallen. Eine Ausnahme bilden die Vertragsstaaten des EWR-Abkommens Island, Liechtenstein und Norwegen. Diese haben mit Wirkung vom

---

[8] *Gola/Schomerus*, BDSG, § 1 Rn. 21; Simitis - *Simitis*, BDSG, § 1 Rn. 147 und 151.

01.07.2000 die DSRL übernommen[9] und sind, wie § 4 b I Nr. 2 BDSG ebenfalls zu entnehmen ist, den Mitgliedstaaten der EU gleichgestellt.

### Datenschutzrechtlicher Binnenraum

Der datenschutzrechtliche Binnenraum[10] sei als geografische und rechtliche Abgrenzung zu den Drittstaaten definiert. Er umfasst daher alle diejenigen Staaten, in denen die DSRL Anwendung findet, also die Mitgliedstaaten von EU und EWR.

### Umgang mit / Verarbeitung von personenbezogenen Daten, Übermittlung

Bei der Bestimmung des Gesetzeszwecks in § 1 I BDSG spricht der Gesetzgeber vom Umgang[11] mit personenbezogenen Daten. Dieser Sammelbegriff umfasst drei Handlungsphasen (Erheben, Verarbeiten, Nutzen), die in § 3 III - V BDSG legaldefiniert sind. Eine solche dreigliedrige Struktur kennt die DSRL nicht. Vielmehr fasst Art. 2 lit. b DSRL den Begriff der Verarbeitung ausgesprochen weit, so dass er sämtliche Handlungen von der Erhebung bis zur Löschung von Daten abdeckt.[12] Hier soll von der Übereinstimmung des Bedeutungsgehaltes der Begriffe „Umgang mit" und „Verarbeitung von" personenbezogenen Daten ausgegangen werden. Die Datenübermittlung ist darin eingeschlossen. Sie bezeichnet das Übermitteln von Daten i.S.d. § 3 IV Nr. 3 BDSG aus dem datenschutzrechtlichen Binnenraum in einen Drittstaat. In diesem Zusammenhang wird auch von einem Datentransfer zwischen Datenexporteur und Datenimporteur gesprochen. Folgende Abbildung soll die im BDSG definierten Phasen des Umgangs mit personenbezogenen Daten veranschaulichen und bei der Einordnung des Übermittlungsbegriffs helfen:

---

[9] Beschluss Nr. 83/99 des gemeinsamen EWR-Ausschlusses vom 25.06.1999 (siehe Anlage 4).

[10] Terminus geprägt und verwendet von *Tinnefeld,* Datenschutzrecht, 343 ff.

[11] Dieser Ausdruck wird zuweilen kritisiert, vgl. *Gola/Schomerus,* BDSG, § 1 Rn. 22.

[12] *Ehmann/Helfrich,* DSRL, Art. 2 Rn. 28.

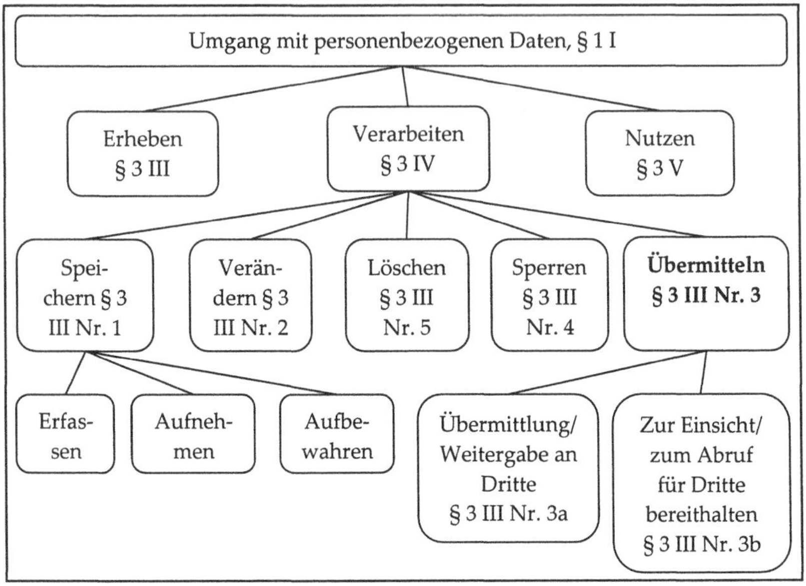


**Abb. 1: Phasen des Umgangs mit personenbezogenen Daten nach dem BDSG.**
**In Anlehnung an *Tinnefeld*, Datenschutzrecht, 296.**

# B. Datenschutz – eine unternehmerische Herausforderung

## I. Rechtsgrundlagen des Datenschutzes

### 1. Europäisches Gemeinschaftsrecht

#### a. Datenschutz als europäisches Grundrecht

Fragen des Datenschutzes spielen auf europäischer Ebene seit geraumer Zeit eine wichtige Rolle.[13] Die **Gemeinschaftsverträge** enthalten zwar keinen Grundrechtskatalog, aus dem sich ein Grundrecht auf Datenschutz ergibt. Jedoch wurden die vormals ungeschriebenen Gemeinschaftsgrundrechte auf der Grundlage der kontinuierlich fortentwickelten Rechtsprechung des EuGH[14] auch primärrechtlich anerkannt. In Art. 6 II EUV[15] wird nunmehr explizit Bezug genommen auf die Europäische Menschenrechtskonvention und die Grundrechte, wie sie sich aus den gemeinsamen Verfassungsüberlieferungen der Mitgliedstaaten als allgemeine Grundsätze des Gemeinschaftsrechts ergeben. Beide sind zur Konkretisierung und Auslegung der Gemeinschaftsgrundrechte heranzuziehen.

---

[13] Einen Überblick über das Europäische Datenschutzrecht in Bezug auf primärrechtliche und sekundärrechtliche Rechtsquellen, den Europäischen Datenschutzbeauftragten, EuGH-Rechtsprechung und neuere datenschutzrechtliche Vorhaben auf europäischer Ebene gibt *Zilkens*, RDV 2007, 196 ff.

[14] EuGH, *Stauder*, Rs. 26/69, Slg. 1969, 419, 425 Rn. 7: Die Wahrung der Grundrechte gehört zu den allgemeinen Rechtsgrundsätzen des Gemeinschaftsrechts. EuGH, *Internationale Handelsgesellschaft*, Rs. 11/70, Slg. 1970, 1125, 1135 Rn. 4: Die gemeinsamen Verfassungsüberlieferungen der Mitgliedstaaten sind Ausgangspunkt für die Wahrung der Gemeinschaftsgrundrechte. EuGH, *Nold*, Rs. 4/73, Slg. 1974, 491, 507 Rn. 13: Der EuGH hat die von den Verfassungen der Mitgliedstaaten anerkannten und geschützten Grundrechte zu beachten. Internationale Verträge über den Schutz der Menschenrechte, bei denen die Staaten mitgewirkt haben oder denen sie beigetreten sind, können bei der Interpretation helfen.

[15] Vormals Art. F II des EUV (Maastricht) und ausdrückliche Bekräftigung der bisherigen Rechtsprechung zu Gemeinschaftsgrundrechten, EuGH, *Bosman*, Rs. C-415/93, Slg. 1995 I/7, I-4921, I-5065, Rn 79.

Die **Europäische Menschenrechtskonvention**[16] (im Folgenden EMRK) ist in Bezug auf die Gemeinschaftsgrundrechte besonders bedeutsam,[17] denn als internationales Abkommen beruht sie auf dem Willenskonsens der Vertragsstaaten. Die **Verfassungsüberlieferungen** der Mitgliedstaaten werden hingegen vor allem dann relevant, wenn das fragliche Grundrecht in der EMRK nicht erwähnt wird.[18] Aber schon weil sie u.U. schwer ermittelbar sind, müsse der EMRK eine gewichtigere Rolle zukommen. Diese gewährleistet in ihrem Art. 8 I die Achtung des Privat- und Familienlebens, der Wohnung und der Korrespondenz einer jeden Person. Auch der Datenschutz zielt auf den Schutz der Privatsphäre des Einzelnen ab. Das Recht auf den Schutz personenbezogener Daten ist nach jüngerer Rechtsprechung[19] mittlerweile als Teilaspekt und eigenständiges Element des Rechts auf Achtung des Privatlebens nach Art. 8 I EMRK anzusehen.[20]

Die im Zuge der Verhandlungen für eine europäische Verfassung entstandene **EU-Grundrechtecharta**[21] schreibt hingegen erstmals unmittelbare Grundrechte für Bürger der Europäischen Union fest. Allerdings hängt ihre rechtliche Verbindlichkeit von der noch ausstehenden Ratifi-

---

[16] Europäische Konvention zum Schutze der Menschenrechte und Grundfreiheiten (Rom, 04.11.1950) in der Fassung der Bekanntgabe vom 17.05.2002, BGBl. 2002 II, 1054 ff.

[17] *Kühling* in: Bogdandy (Hrsg.), Europäisches Verfassungsrecht, 583, 590 f.; *Ehlers* in: Ehlers (Hrsg.), Europäische Grundrechte und Grundfreiheiten, 383, 385 Rn. 8 f.

[18] *Ehlers* in: Ehlers (Hrsg.), Europäische Grundrechte und Grundfreiheiten, 383, 386 Rn. 9.

[19] Wegbereitend wegen der erstmaligen Problematisierung des Datenschutzes im Zusammenhang mit Art. 8 EMRK war das Urteil EGMR, *Leander gegen Schweden*, Urteil vom 26.03.1987, Serie A 116, 1, 22 Rn. 47 ff. Die enge Kopplung des Datenschutzes an den Begriff des Privatlebens wurde jedoch erst mit den Urteilen EGMR, *Amann gegen die Schweiz*, Urteil vom 16.02.2000, 2000 II, 245, 269 Rn. 65 ff. und EGMR, *Rotaru gegen Rumänien*, Urteil vom 04.05.2000, 2000 V, 109, 127 Rn. 41 ff. erreicht.

[20] *Grabenwarter*, EMRK, 194 f. Rn. 10; *Siemen*, Datenschutz als europäisches Grundrecht, 130.

[21] Charta der Grundrechte der Europäischen Union, ABl. EG 2000/C 364/1 vom 18.12.2000.

zierung des Reformvertrages[22] ab. Bis dahin ist die Grundrechtecharta jedoch zumindest eine weitere Auslegungshilfe, denn sie kann als Ausdruck der gemeinsamen Verfassungsüberlieferung der Mitgliedstaaten verstanden werden[23] und stellt eine Bestätigung und Bekräftigung geltenden Rechts dar.[24] Sie nimmt in ihren Art. 8 auch das Recht auf den Schutz personenbezogener Daten auf. Sobald die Grundrechtecharta in Kraft tritt, gibt es also erstmals ein explizites europäisches Grundrecht auf Datenschutz.

### b. Die EG-Datenschutzrichtlinie 95/46/EG

Mit der DSRL[25] wurde das Datenschutzrecht im Gemeinschaftsgebiet detailliert ausgestaltet und harmonisiert.[26] Die dualistische Zielsetzung der DSRL zeigt sich bereits in ihrem Titel. Einerseits soll ein einheitliches Schutzniveau zum freien Datenverkehr beitragen, da es Beeinträchtigungen des Binnenmarktes und Handelshemmnissen entgegenwirkt.[27] Andererseits schützt die DSRL auch ausdrücklich die Grundrechte und Grundfreiheiten und dabei insbesondere die Privatsphäre natürlicher Personen bei der Verarbeitung personenbezogener Daten.[28]

Zu der vormals strittigen Frage, ob die Mitgliedstaaten einen über die Vorgaben der DSRL hinausgehenden Schutz personenbezogener Daten vorsehen können,[29] hat der EuGH[30] klärend Stellung genommen.

---

22 Vertrag von Lissabon zur Änderung des Vertrags über die Europäische Union und des Vertrags zur Gründung der Europäischen Gemeinschaft, unterzeichnet in Lissabon am 13.12.2007, ABl. EU C 306 vom 17.12.2007, 1 ff.

23 *Griller* in: Duschanek/Griller (Hrsg.), Grundrechte, 131, 133.

24 *Calliess*, EuZW 2001, 261, 267.

25 Richtlinie 95/46/EG des Europäischen Parlaments und des Rates vom 24.10.1995 zum Schutz natürlicher Personen bei der Verarbeitung personenbezogener Daten und zum freien Datenverkehr, ABl. EG L 281 vom 23.11.1995, 31 ff.

26 Zu den nationalen Datenschutzgesetzen vor Inkrafttreten der DSRL *Wuermeling*, Handelshemmnis, 33 ff.

27 Art. 1 II, Eg. 7 f. DSRL; Gemeinsamer Standpunkt des Rates vom 20.02.1995, ABl. EG C 93 vom 13.04.1995, 1, 19.

28 Art. 1 I, Eg. 10 ff. DSRL.

29 *Ehmann/Helfrich*, DSRL, Einleitung, 55 f. Rn. 12 f. verneinen weitgehend einen Spielraum der nationalen Gesetzgeber. Dammann/Simitis - *Simitis*, DSRL, Einlei-

Danach ist die Harmonisierung der nationalen Datenschutzvorschriften nicht auf eine Mindestharmonisierung beschränkt.[31] Es stehe den Mitgliedstaaten frei, die Geltung der DSRL auf Bereiche auszudehnen, die von ihrem Anwendungsbereich an sich nicht erfasst werden.[32] Will ein nationaler Gesetzgeber von seinem Handlungsspielraum Gebrauch machen, müsse jedoch ein Gleichgewicht zwischen dem freien Verkehr personenbezogener Daten und dem Schutz der Privatsphäre des Betroffenen gewahrt werden.[33] Angesichts der doppelten Zielrichtung der DSRL ist diese Rechtsprechung folgerichtig.

Die Auswirkungen der DSRL reichen jedoch weit über die Grenzen ihres geographischen Anwendungsbereiches hinaus. Sie hat nicht nur den Datenschutz in der EU maßgeblich beeinflusst, sondern setzt auch den Datenschutzstandard für den Rest der Welt.[34] Dies liegt insbesondere in den Regelungen zur Drittstaatenübermittlung nach Art. 25 f. DSRL begründet. Die Handelspartner der Mitgliedstaaten mussten sich mit Inkrafttreten der DSRL auf die gesteigerten Anforderungen europäischer Unternehmen einstellen, wobei die Reaktionen von Land zu Land sehr unterschiedlich waren.[35] Die EU hat damit faktisch ein internationales Datenschutzregime ohne internationale Verhandlungen geschaffen.[36]

---

tung, 67 f. Rn. 10 sieht hingegen die Möglichkeit, Defizite der Richtlinie durch nationale Vorschriften zu korrigieren.

30 EuGH, *Bodil Lindqvist*, Rs. C-101/01, Slg. 2003 I/11a, I-12971, I-13025 Rn. 91 ff.

31 EuGH, *Bodil Lindqvist*, Rs. C-101/01, Slg. 2003 I/11a, I-12971, I-13027 Rn. 96.

32 EuGH, *Bodil Lindqvist*, Rs. C-101/01, Slg. 2003 I/11a, I-12971, I-13027 Rn. 98.

33 EuGH, *Bodil Lindqvist*, Rs. C-101/01, Slg. 2003 I/11a, I-12971, I-13027 Rn. 97.

34 *Valles*, An Alternative Voice: Setting the Course On Data Privacy (siehe Anlage 5).

35 Ausführlich zu den Reaktionen ausgewählter Länder und zu den Ansätzen wichtiger Handelspartner in *Heisenberg*, Negotiating Privacy, 101 ff.

36 *Heisenberg*, Negotiating Privacy, 120 f.

## 2. Nationales Recht

### a. Das Recht auf informationelle Selbstbestimmung

Maßgeblich für die Anerkennung des Grundrechts auf informationelle Selbstbestimmung war das sog. Volkszählungsurteil.[37] Im Zuge seiner Auseinandersetzung mit den Verfassungsbeschwerden gegen das Volkszählungsgesetz stellt das Bundesverfassungsgericht klar, dass jeder das Recht habe, grundsätzlich selbst über die Preisgabe und Verwendung seiner persönlichen Daten zu bestimmen.[38] Um aus eigener Selbstbestimmung zu planen und zu entscheiden, müsse der Einzelne das Wissen möglicher Kommunikationspartner abschätzen können. Denn wer nicht mehr wissen kann, wer was wann und bei welcher Gelegenheit über ihn weiß, könnte in der Ausübung seiner Grundrechte eingeschränkt werden.[39] Das Gericht stützt das Recht auf informationelle Selbstbestimmung dabei auf das allgemeine Persönlichkeitsrecht.[40] Dieses wird unmittelbar aus dem Recht auf freie Entfaltung der Persönlichkeit, Art. 2 I GG, in Verbindung mit dem Schutz der Menschenwürde, Art. 1 I GG, abgeleitet. Als Teilaspekt des allgemeinen Persönlichkeitsrechts wurde das Recht auf informationelle Selbstbestimmung damit in den Rang eines Grundrechts erhoben.[41] In der Folge fand es auch Eingang in viele Landesverfassungen.[42]

In seiner Grundsatzentscheidung macht das Gericht deutlich, dass personenbezogene Daten gegen unbegrenzte Erhebung, Speicherung,

---

37 BVerfGE 65, 1 ff.

38 BVerfGE 65, 1, 43.

39 Vgl. BVerfGE 65, 1, 43.

40 BVerfGE 65, 1, 41.

41 *Giesen* unternimmt in JZ 2007, 918 ff. den Versuch, als Gegenstück zum Grundrecht auf informationelle Selbstbestimmung ein Grundrecht auf Datenverarbeitung zu entwickeln. Seine Ansicht stützt sich auf das fragwürdige Argument, dass die freie Entfaltung der Persönlichkeit nur bei einem prinzipiell ungestörten Umgang mit Informationen über Menschen möglich sei. Eine kritische Auseinandersetzung mit diesem Konzept in der Literatur ist zu erwarten.

42 Es ist enthalten in den Landesverfassungen von Berlin, Brandenburg, Bremen, Mecklenburg-Vorpommern, Nordrhein-Westfalen, Rheinland-Pfalz, Saarland, Sachsen, Sachsen-Anhalt und Thüringen.

Verwendung und Weitergabe zu schützen sind.[43] Allerdings können sich Einschränkungen des Rechts auf informationelle Selbstbestimmung aufgrund eines überwiegenden Allgemeininteresses und aufgrund verfassungsmäßiger gesetzlicher Grundlagen, welche dem Verhältnismäßigkeitsgrundsatz entsprechen, ergeben.[44] Eine solche gesetzliche Grundlage, die das Recht auf informationelle Selbstbestimmung weiter ausformt, aber auch beschränkt, ist das Bundesdatenschutzgesetz.

### b. Das Bundesdatenschutzgesetz

Das BDSG in seiner heutigen Form geht auf mehrfache Novellen[45] zurück, die zum großen Teil aufgrund der Vorgaben des Volkszählungsurteils und des sekundären Gemeinschaftsrechts nötig geworden waren. Als Gesetzeszweck definiert § 1 I BDSG, den Einzelnen davor zu schützen, dass er durch den Umgang mit seinen personenbezogenen Daten in seinem Persönlichkeitsrecht beeinträchtigt wird. Das BDSG schützt also jede natürliche Person, unabhängig von Staatsangehörigkeit oder Aufenthaltsort. Ein Schutz von Daten juristischer Personen durch das BDSG ist hingegen nur sehr eingeschränkt zu bejahen, nämlich dann, wenn sie Teil der Angaben über eine konkrete Person sind, z.B. im Fall einer Ein-Mann-GmbH, deren Daten Rückschüsse auf ihren Gesellschafter-Geschäftsführer zulassen.[46]

Neben dem BDSG gibt es viele weitere Gesetze, die spezielle, nur auf ihren Anwendungsbereich zugeschnittene Datenschutzvorschriften enthalten. Dies entspricht der Aufforderung des Bundesverfassungsge-

---

43 BVerfGE 65, 1, 43.

44 Vgl. BVerfGE 65, 1, 44.

45 Seine letzte Änderung erfolgte im August 2006 durch das Erste Gesetz zum Abbau bürokratischer Hemmnisse insbesondere in der mittelständischen Wirtschaft, wodurch sich hauptsächlich Anpassungen hinsichtlich der Bestellung eines betrieblichen Datenschutzbeauftragten ergaben. Im Einzelnen zu den Änderungen *Gola/Klug*, NJW 2007, 118 ff.; *Karper/Stutz*, DuD 2006, 789 ff. Zweifelnd an der Richtlinienkonformität *Leopold*, DuD 2006, 436, 437; *Gerhold*, RDV 2006, 6, 9 f.

46 Vgl. BGH, NJW 1986, 2505, 2506. Denn einzelne Mitglieder einer Personengruppe unterliegen dem Schutz durch das BDSG, wenn die Angaben über die Personengemeinschaft sich auch auf sie beziehen, d.h. auf sie durchschlagen, *Gola/Schomerus*, BDSG, § 3 Rn. 3.

richts an den Gesetzgeber, den Datenschutz bereichsspezifisch und präzise[47] zu gestalten. Das Verhältnis zwischen bereichsspezifisch konzipierten Datenschutzregeln und BDSG wird durch die Verankerung des Subsidiaritätsprinzips in § 1 III BDSG geklärt. So genießen Rechtsvorschriften des Bundes, die den Umgang mit personenbezogenen Daten regeln, gegenüber dem BDSG Vorrang, § 1 III S. 1 BDSG. Vorschriften des Bundes sind dabei neben parlamentarisch verabschiedeten Gesetzen auch alle materiellen Rechtsnormen wie z.B. Rechtsverordnungen.[48] Das BDSG ist gem. § 1 III S. 1 aber nur subsidiär, „soweit" Bundesnormen anwendbar sind. Diese Formulierung verdeutlicht, dass nur solche bundesgesetzlichen Bestimmungen Vorrang haben können, die tatbestandlich der Regelung des BDSG entsprechen.[49] Demnach ist eine Vorschrift des BDSG anwendbar, soweit keine fachliche oder bereichsspezifische Datenschutzregelung für den gleichen Sachverhalt in einem anderen Bundesgesetz gilt. Das BDSG wird so zum Auffanggesetz, das eine lückenfüllende Funktion übernimmt.[50]

### 3. Verhältnis zwischen nationalem Recht und Gemeinschaftsrecht

Das Gemeinschaftsrecht hat sich durch die sukzessive Abtretung von ursprünglich nationalen Hoheitsrechten an die Gemeinschaftsorgane zu einer eigenständigen supranationalen Rechtsordnung entwickelt. Es genießt daher grundsätzlich Vorrang vor dem innerstaatlichen Recht der Mitgliedstaaten.[51] Nicht nur das primäre Gemeinschaftsrecht, also die Gemeinschaftsverträge, sondern gerade auch das sekundäre Ge-

---

[47] Vgl. BVerfGE 65, 1, 46.

[48] *Gola/Schomerus*, BDSG, § 1 Rn. 23; Däubler/Klebe/Wedde/Weichert - *Weichert*, BDSG, § 1 Rn. 12; Simitis - *Simitis*, BDSG, § 1 Rn. 164 ff.

[49] Däubler/Klebe/Wedde/Weichert - *Weichert*, BDSG, § 1 Rn. 13; *Gola/Schomerus*, BDSG, § 1 Rn. 24; Simitis - *Simitis*, BDSG, § 1 Rn. 170.

[50] *Gola/Schomerus*, BDSG, § 1 Rn. 24; Däubler/Klebe/Wedde/Weichert - *Weichert*, BDSG, § 1 Rn. 13; Simitis - *Simitis*, BDSG, § 1 Rn. 23.

[51] EuGH, *Costa/ENEL*, Rs. 6/64, Slg. 1964, 1251, 1269 f., seither ständige Rechtsprechung. Der Anwendungsvorrang des Gemeinschaftsrechts wurde, vorbehaltlich der Wahrung wesentlicher Rechtsprinzipien des Grundgesetzes, durch das Solange-II-Urteil, BVerfGE 73, 339, 374 ff. aufgrund der verfassungsmäßigen Ermächtigung des Art. 24 I GG bestätigt.

meinschaftsrecht, typischerweise in der Form von Richtlinien und Verordnungen gem. Art. 249 EGV, nehmen starken Einfluss auf das nationale Recht.

Auch die nationalen Datenschutzregimes sind von Gemeinschaftsvorgaben geprägt. Neben vereinzelten diesbezüglichen Verordnungen[52] hat insbesondere die DSRL zu einer überwiegenden Angleichung der datenschutzrechtlichen Regelungen in der EU geführt. Nunmehr richtet sich der wesentliche Inhalt der einzelstaatlichen Datenschutzgesetze nach den Vorgaben der DSRL. Folglich herrscht im datenschutzrechtlichen Binnenraum ein gleichwertiger, wenn auch nicht notwendigerweise identischer Schutz. Aus diesem Grund dürfen Mitgliedstaaten den freien Verkehr personenbezogener Daten untereinander nicht mehr aus Gründen behindern, die den Schutz der Rechte und Freiheiten natürlicher Personen und insbesondere das Recht auf die Privatsphäre betreffen, vgl. Eg. 9, Art. 1 II DSRL. Bei solchen grenzübergreifenden Vorgängen muss aber auch im weitgehend harmonisierten datenschutzrechtlichen Binnenraum und erst recht im Verhältnis zu Drittstaaten darauf geachtet werden, welche der berührten Rechtsordnungen berufen ist.

### 4. Internationales Privatrecht

Das Internationale Privatrecht dient gem. Art. 3 I S. 1 EGBGB dazu, bei Sachverhalten mit einer Verbindung zum Recht eines ausländischen Staates die anwendbare Rechtsordnung zu bestimmen. Es löst somit den Konflikt zwischen mehreren Rechtsordnungen, weswegen auch von Kollisionsrecht gesprochen wird.[53] Kollisionsrechtliche Regelungen kommen im Datenschutzrecht also dann zur Anwendung, wenn der fragliche Sachverhalt Auslandsbezug hat.

Die Übermittlung personenbezogener Daten aus dem datenschutzrechtlichen Binnenraum in einen Drittstaat ist dabei wenig problematisch. Ihre Zulässigkeit richtet sich nach den in nationales Recht umge-

---

52 Ein Beispiel ist die Verordnung über die Übermittlung von unter die Geheimhaltungspflicht fallenden Informationen an das Statistische Amt der Europäischen Gemeinschaft, ABl. EG L 151/1 vom 15.06.1990, 1 ff., die als unmittelbar anwendbares Gemeinschaftsrecht etwaigen Regelungen des BDSG vorgeht.

53 *Hoffmann/Thorn*, IPR, 8 Rn. 34.

setzten gemeinschaftsrechtlichen Vorgaben der Art. 25 f. DSRL. Danach findet auf diesen Vorgang das nationale Datenschutzrecht am Niederlassungsort des Datenexporteurs Anwendung. Dieses Ergebnis ließe sich auch mit der Erwägung begründen, dass das Datenschutzrecht sowohl privatrechtliche als auch öffentlich-rechtliche Elemente besitzt, im grenzübergreifenden Datenverkehr aber der öffentlich-rechtliche Aspekt des Datenschutzrechts im Vordergrund steht.[54] Daher geben in diesem Fall öffentlich-rechtliche Interessen, z.B. auf Schutz vor den Nachteilen fremder Gesetze den Ausschlag, was die Anwendung des „eigenen" Rechts des Datenexporteurs nach sich zieht.[55] Ferner richten sich die kollisionsrechtlichen Regelungen im Hinblick auf Drittstaaten auch auf den Schutz des Verkehrsinteresses, also auf das Interesse der potenziell Betroffenen am Schutz ihrer personenbezogenen Daten vor einem geringeren Schutzniveau. Die den Normen zugrunde liegenden kollisionsrechtlichen Interessen lassen sich dabei nicht immer eindeutig den Bereichen „privat-" oder „öffentlich-rechtlich" zuweisen und können sich durchaus ergänzen.[56]

Zu klären bleibt, welches nationale Datenschutzrecht Anwendung findet, wenn der Umgang mit personenbezogenen Daten im Inland durch eine verantwortliche Stelle erfolgt, die in einem anderen Mitgliedstaat oder in einem Drittstaat ansässig ist. Hier kann nicht von einer vorrangig öffentlich-rechtlichen Prägung des Sachverhaltes und daher auch nicht von einer zwingenden Anwendung des nationalen Rechts am Verarbeitungsort ausgegangen werden.

Die DSRL enthält mit Art. 4 eine eigene Kollisionsnorm. Sie legt als maßgeblichen Anknüpfungspunkt den Ort der Niederlassung des für die Verarbeitung Verantwortlichen[57] fest. Zwar genießen Regelungen in Rechtsakten der europäischen Gemeinschaften gem. Art. 3 II S. 2 EGBGB Vorrang vor deutschem Kollisionsrecht. Richtlinien fallen jedoch nicht unter diese Norm, da sie zwar zur Auslegung innerstaatlichen Rechts

---

[54] Nach *Kegel/Schurig*, IPR, 36 gehören Normen des eigenen Sachrechts, die Fälle mit Auslandsberührung regeln, auch zum Öffentlichen Recht.

[55] *Kropholler*, IPR, 32. Die Begriffe öffentlich-rechtliches Interesse und Staatsinteresse werden synonym verwendet, vgl. *Kegel/Schurig*, IPR, 148.

[56] *Kegel/Schurig*, IPR, 150.

[57] Vor Inkrafttreten dieser Kollisionsnorm war der maßgebliche Anknüpfungspunkt umstritten - zum damaligen Meinungsstand *Ellger*, Datenschutz, 584 ff.

dienen können, aber keine unmittelbare Rechtswirkung nach außen entfalten.[58] Vielmehr werden die von einem Mitgliedstaat zur Richtlinienumsetzung erlassenen Vorschriften Bestandteil nationalen Kollisionsrechts.[59] Der deutsche Gesetzgeber hat die Vorgaben von Art. 4 DSRL in § 1 V BDSG umgesetzt. Dabei handelt es sich um spezielle Kollisionsnormen, die den räumlich-persönlichen Anwendungsbereich der datenschutzrechtlichen Sachnormen des BDSG regeln. Hierdurch soll der mit den inländischen Sachnormen verfolgte Zweck bei internationalen Sachverhalten maßgeschneidert durchgesetzt werden, es handelt sich also um einseitige Kollisionsnormen.[60] Dies bedeutet jedoch nicht, dass die inländischen Datenschutzvorschriften als zwingendes Recht i.S.d. Art. 34 EGBGB aufzufassen und damit auf jeden Vorgang auf deutschem Territorium anzuwenden sind.[61] Vielmehr werden die allgemeinen Kollisionsnormen des EGBGB von den speziellen, gesetzesbezogenen Kollisionsnormen des BDSG verdrängt.[62] Somit kommt es erst gar nicht zu einer Anwendbarkeit von Art. 34 EGBGB, der im Übrigen lediglich den Vorrang spezieller Anknüpfungsnormen zulässt, für deren Anwendung aber nicht herangezogen werden muss, da er selbst keine kollisionsrechtliche Entscheidung trifft.[63] Doch selbst wenn man die Anwendung von Art. 34 EGBGB zulassen wollte, würde dies in Bezug auf innergemeinschaftliche grenzüberschreitende Sachverhalte nicht dem Sinn und Zweck der gemeinschaftsrechtlichen Vorgaben und ihrer nationalen Umsetzung entsprechen. In diesen Fällen ist das nationale Datenschutzrecht, wie noch zu zeigen sein wird, gerade nicht zwingend einschlägig. Die spezialgesetzlichen Kollisionsnormen des § 1 V BDSG sind daher als sog. règles d'application immédiate („unmittelbar anwendbare Regeln")

---

58 *Hoffmann/Thorn*, IPR, 19 Rn. 83; *Kegel/Schurig*, IPR, 13 f.

59 Vgl. Münchener Kommentar - *Sonnenberger*, IPR, Art. 3 EGBGB Rn. 16.

60 *Hoffmann/Thorn*, IPR, 181 Rn. 15.

61 So vertreten von *Däubler* in: Büllesbach (Hrsg.), Datenverkehr, 71, 75, der im Datenschutzrecht ähnlich dem Betriebsverfassungsrecht einen wichtigen Teil der Wirtschaftsordnung und daher „zwingendes Recht" i.S.d. Art. 34 EGBGB sieht.

62 *Hoffmann/Thorn*, IPR, 181 Rn. 15; *Kropholler*, IPR, 109; *Kegel/Schurig*, IPR, 221 über Kollisionsnormen, die aus Richtlinien übernommen wurden; Simitis - *Simitis*, BDSG, § 1 Rn. 216 mit speziellem Bezug auf § 1 V S. 2 BDSG.

63 So zutreffend *Kegel/Schurig*, IPR, 221.

einzuordnen, die Sach- und Kollisionsnormen miteinander kombinieren.[64]

§ 1 V S. 1 BDSG bezieht sich auf das Verhältnis zwischen Staaten des datenschutzrechtlichen Binnenraums und ist daher eine rein innergemeinschaftliche Kollisionsnorm.[65] Mit ihr wird Art. 4 I lit. a DSRL umgesetzt. Sie bestimmt, dass das BDSG keine Anwendung findet, wenn eine in einem anderen Mitgliedstaat ansässige verantwortliche Stelle im Inland mit personenbezogenen Daten umgeht. Wenn auch nicht explizit benannt, so bedeutet dies doch im Umkehrschluss, dass das nationale Datenschutzrecht nicht nur auf Vorgänge im Inland anwendbar ist. Es ist auch für Aktivitäten in einem anderen Mitgliedstaat einschlägig, solange die verantwortliche Stelle eine inländische statt eine im anderen Mitgliedstaat ansässige Niederlassung ist.[66] Die Norm wählt als Anknüpfungspunkt damit den Ort der aktiven Niederlassung, richtet sich also nach dem Niederlassungsprinzip.[67] Dies hat für international agierende Unternehmen den Vorteil, dass sie bei Aktivitäten im datenschutzrecht-

---

[64] *Kropholler*, IPR, 109 f.; *Hoffmann/Thorn*, IPR, 181 Rn. 15 und *Kegel/Schurig*, IPR, 308 f. benutzen den Begriff règles d'application immédiate synonym mit der selbstbegrenzten oder autolimitierten Sachnorm. § 1 V BDSG kann jedoch nicht als Sachnorm mit enthaltener Kollisionsnorm und damit nicht als autolimitierte Sachnorm bezeichnet werden. Hier soll der von *Kropholler*, IPR, 108 ff. vorgenommenen Differenzierung gefolgt werden. Die datenschutzrechtlichen Kollisionsnormen des § 1 V BDSG sind daher, ähnlich § 130 II GWB, als règles d'application immédiate einzuordnen.

[65] Simitis - *Simitis*, BDSG, § 1 Rn. 198.

[66] Art. 4 I lit. a DSRL verlangt nämlich, dass das Datenschutzrecht eines Mitgliedstaats auf *alle* Verarbeitungen einer auf seinem Territorium befindlichen Niederlassung anwendbar ist. Die Mitgliedstaaten müssen also in der nationalen Umsetzung sicherstellen, dass die Aktivitäten ausländischer Niederlassungen im Inland nicht vom nationalen Datenschutzrecht erfasst sind. Gleichzeitig dehnt sich die Anwendbarkeit ihres Datenschutzrechtes aber auch auf Aktivitäten inländischer Niederlassungen in einem anderen Mitgliedstaat aus, vgl. Simitis - *Simitis*, BDSG, § 1 Rn. 198 ff.

[67] Simitis - *Simitis*, BDSG, § 1 Rn. 199. Weil es beim Fehlen von Niederlassungen letztendlich auf den Sitz des Unternehmens ankommt, wird auch von einem Sitzlandprinzip, *Gola/Schomerus*, BDSG, § 1 Rn. 27 oder von einem modifizierten oder abgeschwächten Sitzlandprinzip gesprochen, *Wuermeling*, Handelshemmnis, 75 (in Bezug auf Art. 4 I DSRL); Simitis - *Simitis*, BDSG, § 1 Rn. 199 (in Bezug auf § 1 V BDSG).

lichen Binnenraum nicht mit vielen, ggf. unterschiedlichen Datenschutzrechten konfrontiert werden.[68] Es ist dabei irrelevant, ob in dem anderen Mitgliedstaat eine Niederlassung besteht. Entscheidend für die Bestimmung des anzuwendenden Datenschutzrechts ist allein, in welchem Land die für die Verarbeitung verantwortliche Niederlassung belegen ist.[69]

Die Sätze 2 bis 4 des § 1 V BDSG regeln hingegen das kollisionsrechtliche Verhältnis zu Drittstaaten und setzen somit Art. 4 I lit. c DSRL um. Während im Gemeinschaftsgebiet das Datenschutzniveau harmonisiert ist, kann im Fall von Drittstaaten nicht automatisch davon ausgegangen werden, dass sie ein angemessenes Schutzniveau, wie in Art. 25 I, II DSRL und § 4 b II S. 2 BDSG gefordert, gewährleisten. Bei Drittstaatenbezug stehen, wie oben erläutert, öffentlich-rechtliche und verkehrsrechtliche Schutzinteressen im Vordergrund. So wird das inländische Datenschutzrecht in § 1 V S. 2 BDSG für anwendbar erklärt, wenn eine außerhalb des datenschutzrechtlichen Binnenraums ansässige verantwortliche Stelle im Inland mit Daten umgeht. Hier gilt also das Territorialprinzip.[70] Diese Regelung ist unabhängig davon einschlägig, ob ein geringerer Schutz tatsächlich zu befürchten ist oder beabsichtigt wurde. So bleibt das BDSG selbst dann anwendbar, wenn die verantwortliche Stelle in einem Drittstaat ansässig ist, der ein angemessenes Datenschutzniveau aufweist. Ebenso unerheblich ist es, ob die Wahl der Niederlassung in einem Drittstaat eine Gesetzesumgehung durch forum shopping bezweckt hat.[71]

Ferner sei darauf hingewiesen, dass der deutsche Gesetzgeber eine vom Richtliniengeber in Art. 4 I lit. c DSRL vorgesehene Einschränkung nicht umgesetzt hat, diese aber im Wege der richtlinienkonformen Aus-

---

68 *Gola/Schomerus*, BDSG, § 1 Rn. 27.

69 In Bezug auf § 1 V BDSG: Simitis - *Simitis*, BDSG, § 1 Rn. 201 f.; *Korff*, Implementation of Data Protection Directive (siehe Anlage 6), 46. In Bezug auf Art. 4 I DSRL: Grabitz/Hilf - *Brühann*, Recht der Europäischen Union, Kommentierung zur DSRL, Art. 4 Rn. 13 f.

70 *Scheja*, Datenschutzrecht, 76; *Scheja*, Weltweite Kundendatenbank, 79; *Gola/Schomerus*, BDSG, § 1 Rn. 28 f.

71 Simitis - *Simitis*, BDSG, § 1 Rn. 214.

legung in § 1 V S. 2 BDSG hineinzulesen ist.[72] Nach den Vorgaben der DSRL ist das nationale Datenschutzrecht nicht anzuwenden, wenn der in einem Drittstaat ansässige Verantwortliche personenbezogene Daten ohne Einsatz von im Inland befindlichen automatisierten oder nicht automatisierten Mitteln verarbeitet, also beispielsweise bei einer bloßen telefonischen Übermittlung von im Inland erhobenen Daten an ein Unternehmen im Drittstaat. Im Umkehrschluss bedeutet dies, dass das nationale Datenschutzrecht einschlägig ist, sobald automatisierte oder nicht automatisierte Mittel zur Datenverarbeitung verwendet werden. Wird also z.B. ein im Mitgliedstaat gelegenes EDV-System genutzt, soll sich der Verarbeiter nicht durch Verlegung seiner Niederlassung in einen Drittstaat der Anwendung des Datenschutzrechts entziehen können.[73] Der Wortlaut der Umsetzungsnorm § 1 V S. 2 BDSG beruft jedoch das inländische Datenschutzrecht auch für den Fall, dass keine automatisierten oder nicht automatisierten Mittel verwendet werden. Er ist daher dahingehend einschränkend richtlinienkonform auszulegen, dass die Vorschriften des deutschen Datenschutzrechts nur dann zur Anwendung kommen, wenn personenbezogene Daten unter Einsatz von automatisierten oder nicht automatisierten Mitteln verarbeitet werden. Schließlich nimmt § 1 V S. 4 BDSG gem. Art. 4 I lit. c letzter HS DSRL den bloßen Transit, also die Durchleitung von Daten durch das Inland vom Zugriff des nationalen Datenschutzrechts aus.[74]

Einerseits sind alle Mitgliedstaaten zur Umsetzung der DSRL-Vorgaben in ihre nationale Rechtsordnung verpflichtet, andererseits bestimmt Art. 4 DSRL, welche dieser Rechtsordnungen auf Datenverarbeitungsvorgänge mit grenzüberschreitendem Element Anwendung finden soll. Das folgende Schema verdeutlicht die kollisionsrechtlichen Rege-

---

[72] Simitis - *Simitis*, BDSG, § 1 Rn. 217 ff. Dies ist möglich, weil die gesetzgeberische Formulierung im BDSG eine Auslegung im Sinne der Richtlinie nicht verbietet.

[73] Dammann/Simitis - *Dammann*, DSRL, Art. 4 Rn. 6 f.; *Wuermeling*, Handelshemmnis, 77.

[74] Die Durchleitung ist sowohl von der Übermittlung, beschrieben unter B. II. 2. a., als auch von der Auftragsdatenverarbeitung abzugrenzen und soll nicht die Anwendung des mitgliedstaatlichen Datenschutzrechts zur Folge haben, *Wuermeling*, Handelshemmnis, 80. Weiterführend zu dieser Thematik Simitis - *Simitis*, BDSG, § 1 Rn. 238.

lungen des Art. 4 DSRL und gibt somit Auskunft darüber, ob und wann das Datenschutzrecht eines bestimmten Mitgliedstaates anzuwenden ist:

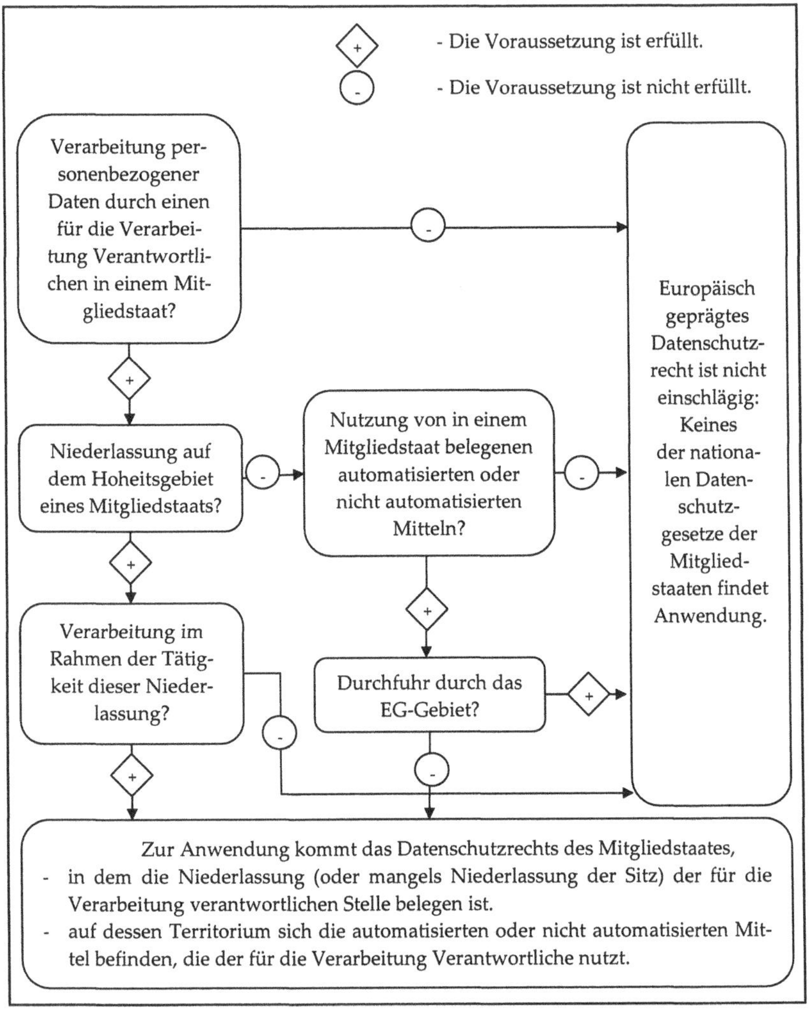


**Abb. 2: Kollisionsregeln von Art. 4 DSRL.**
**In Anlehnung an *Kuner*, European Data Protection Law, 115.**

## II. Der grenzübergreifende Datentransfer in Drittstaaten

Die DSRL hat zu einer weitgehenden Angleichung der Datenschutzniveaus in der EU geführt.[75] Dadurch ist Unternehmen ein Datentransfer innerhalb des datenschutzrechtlichen Binnenraums unproblematisch möglich.[76] Etwas anderes gilt für die Datenübermittlung an Empfänger in Drittstaaten.

Bei der Auseinandersetzung mit diesem Thema ist es wichtig sich vor Augen zu führen, dass die Datenschutzniveaus von Land zu Land und z.T. sogar innerhalb des gleichen Landes (so in den USA) stark variieren. Das Spektrum reicht von sehr rigiden Vorschriften bis hin zum kaum existenten Datenschutz. Die EU weist im internationalen Vergleich eines der strengsten, wenn nicht sogar das strengste Datenschutzregime auf.[77] Für die Datenübermittlung innerhalb multinationaler Konzerne ergibt sich folgende Problemstellung:[78] Datenflüsse zwischen Teilunternehmen tangieren häufig mehrere Rechtsordnungen, die ein unterschiedliches Datenschutzniveau aufweisen. Ein hoher technischer Standard ermöglicht eine konzernweite Verarbeitung und Nutzung der Daten. Das Unternehmen trägt eine weltweite Verantwortung dafür, das informationelle Selbstbestimmungsrecht seiner Geschäftspartner zu gewährleisten. Nichts anderes gilt für Unternehmen außerhalb eines Konzernverbunds, die im internationalen Wirtschaftsverkehr tätig werden.

---

[75] Näher dazu unter B. I. 1. b.

[76] In der Wahrnehmung vieler Datenschutzverantwortlicher ist die Harmonisierung innerhalb der EU noch nicht so weit fortgeschritten, als dass man Daten tatsächlich frei im datenschutzrechtlichen Binnenraum transferieren könnte, Flash Eurobarometer Survey (siehe Anlage 7), 3, Abb. Q3a.

[77] Dennoch zweifeln viele Datenschutzverantwortliche daran, dass die bestehende Gesetzgebung zum Datenschutz geeignet ist, dem zunehmenden Austausch personenbezogener Daten gerecht zu werden, Flash Eurobarometer Survey (siehe Anlage 7), 14, Abb. Q4.

[78] *Gackenholz*, DuD 2000, 727, 730.

## 1. Praktische Relevanz

Weltweit tätige Unternehmen – mit oder ohne ausländische Niederlassungen – und multinationale Konzerne haben vielfältige Veranlassungen zur Datenübermittlung in Drittstaaten. Anwendungsbeispiele sind:

- **Übermittlung im Zuge der Leistungserbringung**

In einer arbeitsteiligen Wirtschaft können bestimmte Aufgaben oft besser bzw. billiger im Ausland erledigt werden. Ausländische Niederlassungen, Kooperations- oder Vertragspartner und Konzerngesellschaften sind häufig integraler Bestandteil der Arbeitsprozesse. Datenübermittlungen in Drittstaaten können daher im Zuge der Leistungserbringung notwendig werden.

- **Internationaler Kundenkreis**

Nicht nur Unternehmen sind global orientiert, sondern auch Kunden nutzen vermehrt das Leistungsangebot ausländischer Anbieter. Der Kundenkreis vieler Unternehmen ist daher sehr breit gefächert und nicht auf den datenschutzrechtlichen Binnenraum beschränkt. Die Pflege solcher Kundenbeziehungen kann mit Drittstaatenübermittlungen einhergehen.

- **Zentrale Datenverarbeitung**

Die Datenverarbeitung ist eine der Unternehmensfunktionen, die zwecks Effizienzsteigerung zentralisiert werden kann. Unternehmen mit ausländischen Niederlassungen und Konzerne[79] unterhalten daher immer öfter ein gemeinsames Rechenzentrum oder eine zentrale Datenverarbeitungsabteilung, die in einem Drittstaat liegen. Die dezentral erhobenen Daten müssen an die zentrale Stelle zur weiteren Verarbeitung übermittelt werden.

---

[79] Ausführlich zu diesen und anderen Formen der zentralen Datenverarbeitung im Konzern *Ruppmann*, Konzerninterner Austausch, 32 ff.

Zumeist sind es Kundendaten, die aus obigen und sonstigen geschäftlichen Gründen für den Transfer bestimmt sind.[80] Um diese und andere personenbezogene Daten zu schützen, müssen bei Übermittlungen an Empfänger in Drittstaaten besondere Anforderungen erfüllt sein.

## 2. Angemessenes Schutzniveau, § 4 b BDSG

Ein Datentransfer aus dem datenschutzrechtlichen Binnenraum in einen Drittstaat ist in der Regel gleichbedeutend mit der Übertragung aus einem datenschutzrechtlich stark in einen diesbezüglich weniger stark geschützten Rechtsraum. Das Gemeinschaftsrecht enthält daher für diesen Fall die speziellen Vorschriften der Art. 25 f. DSRL. Ihre nationale Umsetzung findet sich in den §§ 4 b, c BDSG. Danach ist eine Übermittlung personenbezogener Daten in Drittstaaten grundsätzlich nur zulässig, wenn im Drittstaat ein angemessenes Schutzniveau gewährleistet ist, Art. 25 I, II DSRL und § 4 b II S. 2 BDSG.

### a. Zum Begriff der Übermittlung

Die Übermittlung wird gem. Art. 2 lit. b DSRL als eine Form der Datenverarbeitung eingeordnet und in § 3 IV S. 2 Nr. 3 BDSG als Bekanntgabe personenbezogener Daten an einen Dritten durch Weitergabe oder Ermöglichung von Einsichtnahme oder Abruf definiert. Weder DSRL noch BDSG lassen darauf schließen, dass nur eine bestimmte Art der Übermittlung gemeint ist. Vielmehr ist der Übermittlungsbegriff weit auszulegen und umfasst jedweden Datentransfer, ungeachtet der technischen Art und Weise. Ob die Bekanntgabe schriftlich, mündlich, fernmündlich, über Datenträger oder Telekommunikationstechnik erfolgt, ist unerheblich.[81] Zudem hat der EuGH eine Negativabgrenzung vorgenommen: Eine Drittstaatenübermittlung i.S.d. Art. 25 DSRL liegt demnach nicht vor, wenn eine Person ihre Internetseite, die personenbezogene Daten enthält und auf einem in einem Mitgliedstaat ansässigen

---

[80] Flash Eurobarometer Survey (siehe Anlage 7), 5, Abb. Q7.

[81] *Weniger*, Datenübermittlung, 29; *Draf*, Übermittlung, 59 f.; Däubler/Klebe/Wedde/Weichert - *Weichert*, BDSG, § 3 Rn. 32.

Host-Service-Provider gespeichert ist, über das Internet auch Personen in Drittstaaten zugänglich macht.[82]

Ferner sei darauf hingewiesen, dass das Datenschutzrecht kein Konzernprivileg kennt.[83] Die einzelnen, am Konzern beteiligten Unternehmen sind im Verhältnis zueinander Dritte i.S.d. § 3 VIII S. 2 BDSG.[84] Ein Datentransfer zwischen rechtlich selbständigen Konzernunternehmen steht daher einer Übermittlung zwischen voneinander unabhängigen Unternehmen gleich.[85] Auch bei der konzerninternen Datenübermittlung an unselbständige Zweigstellen in Drittstaaten ist keine Ausnahme zu machen. Es wird zutreffend argumentiert, dass es nach Sinn und Zweck der DSRL einzig darauf ankommt, ob die Daten durch ihre Übermittlung aus dem Anwendungsbereich der DSRL bzw. des BDSG herausfallen.[86] Ein angemessenes Datenschutzniveau bleibt also grundsätzlich Voraussetzung für eine Datenübermittlung in einen Drittstaat, egal ob der Empfänger selbständiger oder unselbständiger Teil eines Konzerns ist oder nicht.

### b. Zum Begriff der Angemessenheit

Bei dem Terminus „angemessenes Schutzniveau“ handelt es sich um einen unbestimmten und daher wertausfüllungsbedürftigen Rechtsbegriff. Als Anhaltspunkt für die Auslegung bietet § 4 b III BDSG in Umsetzung von Art. 25 II DSRL einen nicht abschließenden Kriterienkatalog.

---

[82] EuGH, *Bodil Lindqvist*, Rs. C-101/01, Slg. 2003 I/11a, I-12971, I-13015 Rn. 54 ff., insbesondere Rn. 70 f. Kritische Literaturstimmen sehen dennoch im Einstellen von Daten in ein von Drittstaaten aus zugängliches Netz eine Übermittlung, *Dammann*, RDV 2004, 19, 21, wenigstens dann, wenn mindestens ein Empfänger im Drittland die Daten tatsächlich heruntergeladen hat, *Brühann*, DuD 2004, 201, 207.

[83] Innenministerium des Landes Baden-Württemberg, Hinweise zum Datenschutz Nr. 39 (siehe Anlage 8), 1; *Gackenholz*, DuD 2000, 727, 729; *Draf*, Übermittlung, 61; *Gola/Klug*, Datenschutzrecht, 170; *Gola/Schomerus*, BDSG, § 27 Rn. 4; *Ruppmann*, Konzerninterner Austausch, 48 ff. und 114 f. Die Autorin erläutert nicht nur die gesetzgeberische Entscheidung gegen eine Konzernprivilegierung, sondern stellt auch zutreffend heraus, dass ökonomische Interessen keine Andersbehandlung von Konzernen in datenschutzrechtlicher Hinsicht rechtfertigen.

[84] Simitis - *Simitis*, BDSG, § 2 Rn. 142.

[85] *Tinnefeld*, Datenschutzrecht, 350; vgl. auch *Gackenholz*, DuD 2000, 727, 729 f.

[86] *Räther/Seitz*, MMR 2002, 425, 426.

So soll die Bestimmung der Angemessenheit des Datenschutzniveaus unter Berücksichtigung aller für die Übermittlung bedeutsamen Umstände erfolgen und insbesondere die Art der Daten, Zweckbestimmung, Verarbeitungsdauer, Herkunfts- und Endbestimmungsland sowie die im Drittstaat geltenden Rechtsnormen, Standesregeln und Sicherheitsmaßnahmen mit einbeziehen.[87] Die indikative Formulierung „wird [...] beurteilt" verdeutlicht, dass diese Kriterien besonders wichtig sind. Trotzdem können noch andere Faktoren in die Betrachtung einbezogen werden, worauf das „insbesondere" vor der Aufzählung hinweist. Entscheidend ist also der spezifische Charakter der Datenübermittlung.[88] Die Angemessenheit kann daher nicht pauschal beurteilt werden. Vielmehr muss für jede Datenübermittlung oder Kategorie von Datenübermittlungen individuell festgestellt werden, ob das Datenschutzniveau in diesem konkreten Fall angemessen ist oder nicht, vgl. Art. 25 II DSRL und § 4 b III BDSG.[89]

- **Angemessenheit, Art. 25 I, II DSRL versus Gleichwertigkeit, Art. 30 II DSRL**

Während in Bezug auf Drittstaaten die Angemessenheit des Schutzniveaus gem. Art. 25 I, II DSRL angestrebt wird, soll innerhalb der EU ein gleichwertiges Schutzniveau geschaffen werden, vgl. Eg. 8 f., Art. 30 II DSRL. Dabei machen bereits die Wortwahl und die Entstehungsgeschichte[90] der DSRL deutlich, dass der Richtliniengeber Unterschiede zwischen beiden Konstellationen sieht und daher nicht die gleichen Anforderungen an die Angemessenheit wie an die Gleichwertigkeit stellen will. „Angemessen" ist also nicht gleichbedeutend mit „gleichwertig". Dabei wird auf wenig hilfreiche Weise versucht, den unbestimmten Rechtsbegriff „angemessen" mit weiteren unbestimmten Rechtsbegriffen

---

[87] *Wuermeling*, Handelshemmnis, 108 ff. und *Draf*, Übermittlung, 77 ff. unterziehen diese Kriterien einer näheren Betrachtung.

[88] *Wuermeling*, Handelshemmnis, 107.

[89] So auch *Draf*, Übermittlung, 76 f.; Simitis - *Simitis*, BDSG, § 4 b Rn. 48.

[90] Dammann/Simitis - *Dammann*, DSRL, Art. 25 Rn. 8 weist darauf hin, dass Änderungswünsche bezüglich des Angemessenheitsbegriffs zurückgewiesen wurden. Der Richtliniengeber hat also bewusst eine unterschiedliche Terminologie in Kauf genommen.

wie „gewisse Minderung des Schutzstandards" und „im Wesentlichen gerecht werden" zu konkretisieren.[91]

Für die Auslegung des Angemessenheitsbegriffs ist vielmehr zu klären, in welchem Verhältnis die beiden Bewertungsmaßstäbe Gleichwertigkeit und Angemessenheit zueinander stehen. Gleichwertigkeit beschreibt dabei den Zustand, der im datenschutzrechtlichen Binnenraum zwischen den Datenschutzniveaus herrschen wird, nachdem alle Mitgliedstaaten die DSRL umgesetzt haben.[92] Dann stimmen nicht nur die Schutzniveaus in ihrer Gesamtheit überein, sondern auch die Schutzinstrumente, mit denen dies hergestellt wird. Einer Betrachtung des Schutzniveaus wohnen also zwei Dimensionen inne: zum einen der insgesamt gewährleistete Schutzstandard und zum anderen die Mittel, mit denen dieser erreicht wird. Beide müssen auch bei der Auslegung des Angemessenheitsbegriffs berücksichtigt werden.

- **Dimension 1: insgesamt gewährleisteter Schutzstandard**

Zunächst ist also fraglich, ob ein angemessenes Schutzniveau in seiner Gesamtheit hinter den für den Binnenraum vorgesehenen Standards zurückbleiben darf. Der Wortlaut und der sich daraus ergebende sprachlich mögliche Wortsinn bilden Ausgangspunkt und Grenze der Auslegung, weswegen andere Auslegungsmethoden nur innerhalb der Wortsinngrenze zur Anwendung kommen dürfen.[93] So argumentiert eine Meinung ausgehend vom Wortlaut, dass eine Unterschreitung des innergemeinschaftlichen Schutzniveaus im Drittstaat nicht zulässig sei.[94] Das übliche Wortverständnis von „angemessen" ist „richtig bemessen, adäquat",[95] wobei „richtig bemessen" aufgrund seiner Relativität wenig bei der Begriffsbestimmung hilft. Dagegen gibt die Umschreibung „adäquat" wichtige Hinweise auf das im Drittstaat zu gewährleistende

---

[91] Vgl. Dammann/Simitis - *Dammann*, DSRL, Art. 25 Rn. 8; *Gola/Schomerus*, BDSG, § 4 b Rn. 12.

[92] *Draf*, Übermittlung, 83.

[93] BGHZ 46, 74, 76; BVerfGE 71, 115; *Larenz/Canaris*, Methodenlehre, 143; *Schwintowski*, Methodenlehre, 68; *Zippelius*, Methodenlehre, 47.

[94] *Scheja*, Weltweite Kundendatenbank, 112 f.

[95] Duden, Deutsches Universalwörterbuch, 142.

Schutzniveau. Das Wort „adäquat" bedeutet „entsprechend"[96]. Auch in der englischen[97] und französischen[98] Fassung der DSRL wird anstelle von „angemessen" das Wort „adequate" bzw. „adéquat" verwendet, was in beiden Fällen mit „entsprechend" [99] übersetzt werden kann. Das Wort „adäquat" leitet sich wiederum von dem lateinischen Wort „adaequare" für „angleichen, gleich machen" ab.[100] Nach dem Wortsinn von „angemessen" muss das Datenschutzniveau im Drittstaat folglich gleich dem des Binnenraums sein, ihm also entsprechen.

Unterstützung für diese Auslegung findet sich im Sinn und Zweck der DSRL. Sie will einerseits die Grundrechte der Betroffenen bei der Verarbeitung ihrer personenbezogenen Daten schützen, andererseits den freien Verkehr ebendieser Daten zwischen Mitgliedstaaten gewährleisten.[101] Dabei ist nicht ersichtlich, dass das Ziel des freien Datenflusses im Rahmen der Angemessenheitsbetrachtung einen höheren Stellenwert einnehmen sollte.[102] Gerade bei den Regelungen zur Zulässigkeit einer Drittstaatenübermittlung geht es primär darum, den Betroffenen vor Beeinträchtigungen seiner Rechtsposition zu schützen. Die Regelungen des Art. 25 f. DSRL sollen nämlich dafür sorgen, dass der Grundrechtsschutz der Betroffenen auch dann erhalten bleibt, wenn ihre Daten außerhalb des datenschutzrechtlichen Binnenraums übermittelt und verarbeitet werden.[103] Dieses dadurch zu untergraben, dass personenbezogene Daten bei einem angemessenen Schutzniveau im Drittstaat einen geringeren Schutz genießen würden als bei einem gleichwertigen Schutzniveau im Gemeinschaftsgebiet, entspräche nicht dem Sinn und Zweck der

---

[96] Duden, Deutsches Universalwörterbuch, 108.

[97] Directive 95/46/EC of the European Parliament and of the Council of 24 October 1995 on the protection of individuals with regard to the processing of personal data and on the free movement of such data, ABl. EG L 281 vom 23.11.1995, 31 ff.

[98] Directive 95/46/CE du Parlement européen et du Conseil, du 24 octobre 1995, relative à la protection des personnes physiques à l'égard du traitement des données à caractère personnel et à la libre circulation de ces données, ABl. EG L 281 vom 23.11.1995, 31 ff.

[99] Langenscheidt Englisch, 23; Langenscheidt Französisch, 28.

[100] Duden, Deutsches Universalwörterbuch, 108.

[101] Zur doppelten Zielsetzung der DSRL siehe oben B. I. 1. b.

[102] So vertreten von *Draf*, Übermittlung, 89.

[103] Dammann/Simitis - *Simitis*, DSRL, Einleitung, 76 Rn. 27; *Scheja*, Weltweite Kundendatenbank, 110.

DSRL. Es wird auch zutreffend auf das kuriose Ergebnis einer solchen Herangehensweise hingewiesen: Wollte man an das Schutzniveau in Drittstaaten geringere Anforderungen stellen als an dasjenige im Gemeinschaftsgebiet, wäre der Datentransfer in Drittstaaten einfacher möglich als eine Übermittlung innerhalb des datenschutzrechtlichen Binnenraums.[104] Dieses Ergebnis wäre in der Tat unter Aspekten des Persönlichkeitsschutzes, den die DSRL ausweislich ihrer Erwägungsgründe anstrebt, nicht hinnehmbar[105] und auch im Hinblick auf das zu schützende Grundrecht auf informationelle Selbstbestimmung fragwürdig. Ein angemessenes Datenschutzniveau im Drittstaat darf daher in seiner Gesamtheit nicht hinter dem für den Binnenraum vorgesehenen Standard zurückbleiben.[106]

- **Dimension 2: Schutzinstrumente**

Darüber hinaus ist zu klären, ob ein Schutzniveau nur dann angemessen sein kann, wenn es auf die gleichen Schutzinstrumente wie die DSRL zurückgreift. Es wird nämlich zu Recht angenommen, dass „angemessen" nicht gleichbedeutend mit, sondern weniger als „gleichwertig" sei.[107] Denn wollte man an die Angemessenheit exakt die gleichen Anforderungen stellen wie an die Gleichwertigkeit, würde man faktisch auch im Drittstaat eine Gleichwertigkeit, wie sie die DSRL nur für den datenschutzrechtlichen Binnenraum vorsieht, verlangen. Dies entspräche dem Sinn und Zweck der DSRL ebenso wenig wie ein insgesamt niedrigeres Schutzniveau. Es muss also bei der Angemessenheit Abweichungsmöglichkeiten von den Anforderungen an die Gleichwertigkeit geben. Ein solcher Spielraum ist auch dann gegeben, wenn man das durch die

---

[104] *Ellger*, CR 1993, 2, 9.

[105] *Ellger*, CR 1993, 2, 9.

[106] *Scheja*, Weltweite Kundendatenbank, 112 f.; vgl. auch Simitis - *Simitis*, BDSG, § 4 b Rn. 52 und *Ellger*, CR 1993, 2, 9, die zwar Gleichwertigkeit verlangen, sich damit aber, wie ihre in diesem Zusammenhang gemachten Ausführungen belegen, nur auf das Schutzniveau insgesamt beziehen. Während dessen Unterschreitung verhindert werden soll, räumen die Autoren Flexibilität bei den Schutzinstrumenten ein.

[107] *Ehmann/Helfrich*, DSRL, Art. 25 Rn. 5; Dammann/Simitis - *Dammann*, DSRL, Art. 25 Rn. 8; *Gola/Schomerus*, BDSG, § 4 b Rn. 12.

DSRL geschaffene Datenschutzniveau, wie oben begründet, als Untergrenze betrachtet. Denn der Schutz für personenbezogene Daten kann auch auf anderem Wege erreicht werden als durch die Instrumente der DSRL.[108] Eine komplette Identität oder Deckungsgleichheit zwischen drittstaatlichen und gemeinschaftsrechtlich geprägten Datenschutzniveaus ist nämlich nicht erforderlich.[109]

- **Mindestanforderungen an ein angemessenes Schutzniveau**

Es können sich also Unterschiede hinsichtlich der Ausgestaltung des Schutzniveaus ergeben, was vom Wortsinn von „angemessen" auch noch gedeckt ist.[110] Entscheidend ist nicht die vollständige Gleichwertigkeit der drittstaatlichen Regelungen im quantitativen Sinne, wohl aber eine qualitativ gleichwertige Schutzwirkung.[111] So wird zu Recht verbreitet darauf abgestellt, ob im Drittstaat der Kernbestand der Schutzprinzipien der DSRL gewährleistet wird.[112] Die gem. Art. 29 DSRL gebildete Gruppe für den Schutz von Personen bei der Verarbeitung personenbezogener Daten (im Folgenden: Art. 29 Gruppe) hat für die Übermittlung personenbezogener Daten in Drittstaaten einen Katalog von Mindestanforderungen erarbeitet, bei deren Einhaltung von einem angemessenen Schutzniveau gesprochen werden kann.[113] Bei der Analyse des Datenschutzniveaus sind die materiellen Datenschutzgrundsätze zu folgenden Themen unbedingt zu beachten: Beschränkung der Zweckbindung, Datenqualität und -verhältnismäßigkeit, Transparenz, Sicherheit,

---

[108] Simitis - *Simitis*, BDSG, § 4 b Rn. 52.

[109] Simitis - *Simitis*, BDSG, § 4 b Rn. 52, der wiederum von Gleichwertigkeit spricht, sich damit aber auf das insgesamt gewährleistete drittstaatliche Datenschutzniveau bezieht. Vgl. im Ergebnis auch Dammann/Simitis - *Simitis*, DSRL, Einleitung, 77 Rn. 29 und *Ellger*, CR 1993, 2, 9, die keine Identität der Regelungen sondern ein vergleichbares Schutzniveau fordern.

[110] Vgl. *Scheja*, Weltweite Kundendatenbank, 113.

[111] Dammann/Simitis - *Dammann*, DSRL, Art. 25 Rn. 8.

[112] Vgl. Dammann/Simitis - *Dammann*, DSRL, Art. 25 Rn. 8; Dammann/Simitis - *Simitis*, DSRL, Einleitung, 77 Rn. 29; *Ehmann/Helfrich*, DSRL, Art. 25 Rn. 4; *Gola/Schomerus*, BDSG, § 4 b Rn. 12; Däubler/Klebe/Wedde/Weichert - *Däubler*, BDSG, § 4 b Rn. 11; Simitis - *Simitis*, BDSG, § 4 b Rn. 52; *Simitis* in: Büllesbach (Hrsg.), Datenverkehr, 177, 192 f.; *Weniger*, Datenübermittlung, 398.

[113] Art. 29 Gruppe, WP 12 (siehe Anlage 9), 5 ff.

Recht auf Auskunft, Berichtigung und Widerspruch, Beschränkungen der Weiterübermittlung in andere Drittstaaten, sensible Daten, Direktmarketing und automatisierte Einzelentscheidungen. Zudem hält die Art. 29 Gruppe im Bereich der verfahrensrechtlichen Mechanismen im Drittstaat eine gute Befolgungsrate, Unterstützung und Hilfe für einzelne betroffene Personen sowie die Gewährleistung einer angemessenen Entschädigung für besonders bedeutsam.

Die Art. 29 Gruppe hat zwar gem. Art. 29 I S. 2 DSRL rein beratende Funktion, weswegen es sich bei ihren Stellungnahmen nur um unverbindliche Empfehlungen handelt. Die Kriterien treffen aber in der Literatur auf breite Zustimmung[114] und sollen auch hier als unverzichtbare Elemente eines angemessenen Schutzniveaus betrachtet werden. Ob für eine bestimmte Datenübermittlung ein angemessenes Schutzniveau gewährleistet ist, welches den Standard der DSRL nicht unterschreitet, muss, wie schon erläutert, im Einzelfall geprüft werden. Das Anforderungsspektrum kann fallabhängig höher oder niedriger sein, wobei das Ausmaß der Gefahren, die für den Betroffenen der Datenübermittlung entstehen, ein wichtiger Faktor ist.[115] Solange aber die obigen Datenschutzgrundsätze eingehalten sind, kann ein angemessenes Datenschutzniveau auch mit Hilfe von anderen als in der DSRL vorgesehenen Schutzinstrumenten erreicht werden.

- **Ergebnis**

Im Ergebnis vermag die Meinung, wonach Angemessenheit – vorbehaltlich der Umstände des Einzelfalls – grundsätzlich bereits vorliege, wenn im Drittstaat ein geringerer Schutz personenbezogener

[114] *Jacob* in: Büllesbach (Hrsg.), Datenverkehr, 25, 29 f.; *Brühann* in: Büllesbach (Hrsg.), Datenverkehr, 35, 40 ff.; *Simitis* in: Büllesbach (Hrsg.), Datenverkehr, 177, 193 ff.; *Weniger*, Datenübermittlung, 401 ff. *Scheja*, Weltweite Kundendatenbank, 114 ff. unterzieht die Grundsätze einer ausführlichen Betrachtung. *Wuermeling*, Handelshemmnis, 113 ff. stellt neben dem Konzept der Art. 29 Gruppe für die Bewertung der Angemessenheit auch die Konkretisierungsansätze anderer Autoren dar, um schließlich einen eigenen Prüfungsaufbau zu entwickeln.

[115] Art. 29 Gruppe, WP 12 (siehe Anlage 9), 5 f.

Daten gewährleistet ist als im Binnenraum,[116] nicht zu überzeugen. Nach der hier vertretenen Ansicht muss zwischen Angemessenheit und Gleichwertigkeit sowie zwischen dem Datenschutzniveau in seiner Gesamtheit und den Schutzmechanismen, mit denen das Datenschutzniveau hergestellt wird, differenziert werden.[117] Denn während die Auslegung des Angemessenheitsbegriffs zeigt, dass eine Unterschreitung des innergemeinschaftlichen Schutzniveaus nicht zulässig ist, sind Abweichungen bei den Schutzinstrumenten hinnehmbar. Lässt man also zu, dass das drittstaatliche Datenschutzniveau anders ausgestaltet wird, ohne die Standards der DSRL zu unterschreiten, trägt man dem Willen des Richtliniengebers Rechnung. Weder wird der Betroffene durch die Übermittlung seiner personenbezogenen Daten einem insgesamt niedrigeren Schutzniveau ausgesetzt, noch werden an das angemessene Datenschutzniveau im Drittstaat die gleichen Anforderungen gestellt wie an das gleichwertige Datenschutzniveau im datenschutzrechtlichen Binnenraum.

---

[116] *Draf*, Übermittlung, 93; Dammann/Simitis - *Dammann*, DSRL, Art. 25 Rn. 8; *Gola/Schomerus*, BDSG, § 4 b Rn. 12 wollen eine Minderung des Schutzniveaus im Ganzen zulassen.

[117] Im Ergebnis wird damit *Scheja*, Weltweite Kundendatenbank, 112 ff.; Simitis - *Simitis*, BDSG, § 4 b Rn. 52 ff.; Dammann/Simitis - *Simitis*, DSRL, Einleitung, 77 Rn. 29 und *Ellger*, CR 1993, 2 ff. gefolgt. Alle Autoren räumen bei der Ausgestaltung eines angemessenen Schutzniveaus im Drittstaat Flexibilität hinsichtlich der Schutzmechanismen ein, solange die grundlegenden Datenschutzprinzipien als Kernbestand der DSRL eingehalten werden. Damit lehnen sie auch eine Unterschreitung des DSRL-Standards ab, wenngleich nur *Scheja* dies explizit erwähnt. Doch während *Scheja* zu Recht von der Verwendung des Gleichwertigkeitsbegriffs absieht, greifen *Ellger* und Simitis - *Simitis* in ihrer Argumentation unglücklich darauf zurück. Damit mögen sie sich auf die noch im BDSG 90 in Bezug auf Drittstaaten geforderten „gleichwertigen Datenschutzanforderungen" stützen, vgl. Simitis - *Simitis*, BDSG, § 4 b Rn. 1, um ihrer Ablehnung einer Unterschreitung Ausdruck zu verleihen. Dies führt aber zu Verwirrungen mit der von der DSRL ausschließlich für den Binnenraum vorgesehenen Gleichwertigkeit und ist deshalb zu kritisieren. Die Begrifflichkeiten der Angemessenheit und Gleichwertigkeit sollten sauber getrennt und nicht synonym füreinander verwendet werden. Vielmehr ist für die Angemessenheit eine nach dem Datenschutzstandard in seiner Gesamtheit und den dazu eingesetzten Schutzinstrumenten differenzierte Betrachtung angebracht.

### c. Verfahren zur Bestimmung der Angemessenheit

#### - Prüfungsverantwortung des Datenexporteurs, § 4 b V BDSG

Die Verantwortung für die Zulässigkeit der Übermittlung trägt die übermittelnde Stelle, § 4 b V BDSG. Obwohl nicht ausdrücklich verankert, so bedeutet dies doch in der Konsequenz, dass der Datenexporteur im Anwendungsbereich des BDSG auch die Pflicht zur Prüfung der einzelnen Zulässigkeitsvoraussetzungen hat.[118] Dies schließt die Prüfung der Angemessenheit des Datenschutzniveaus gem. § 4 b III BDSG[119] und hilfsweise die Prüfung der Katalogausnahmen des § 4 c I BDSG ein. Die Vereinbarkeit dieser Verantwortungszuweisung mit Art. 25 DSRL wird in der Literatur nicht in Frage gestellt,[120] soll aber eingangs geprüft werden.

Zunächst ist festzustellen, dass die DSRL keine eindeutige Aussage zu dieser Problematik trifft. Der Wortlaut des Art. 25 DSRL schließt eine eigenständige Angemessenheitsfeststellung durch den Datenexporteur als Grundlage für die Übermittlung weder aus, noch lässt er sie explizit zu. Daher ist anhand der Zielsetzung der DSRL zu prüfen, ob die Regelung des § 4 b V BDSG innerhalb des durch die DSRL gewährten Umsetzungsspielraums bleibt oder ihn überschreitet. Die DSRL will einerseits die Grundrechte der Betroffenen bei der Verarbeitung ihrer personenbezogenen Daten schützen, andererseits den freien Verkehr ebendieser Daten zwischen Mitgliedstaaten gewährleisten.[121]

---

[118] *Rittweger/Weiße,* CR 2003, 142, 143; *Räther/Seitz,* MMR 2002, 425, 426; vgl. auch Simitis - *Simitis,* BDSG, § 4 b Rn. 89 ff.; *Gerhold/Heil,* DuD 2001, 377, 378.

[119] Däubler/Klebe/Wedde/Weichert - *Däubler,* BDSG, § 4 b Rn. 13; Simitis - *Simitis,* BDSG, § 4 b Rn. 91; *Gola/Schomerus,* BDSG, § 4 b Rn. 18; *Rittweger/Weiße,* CR 2003, 142, 143; *Scheja,* Weltweite Kundendatenbank, 139; *Scheja,* Datenschutzrecht, 78.

[120] Sie wird weitgehend als gegeben hingenommen, Simitis - *Simitis,* BDSG, § 4 b Rn. 89 ff.; *Gola/Schomerus,* BDSG, § 4 b Rn. 18; Däubler/Klebe/Wedde/Weichert - *Däubler,* BDSG, § 4 b Rn. 13; *Scheja,* Datenschutzrecht, 78; *Rittweger/Weiße,* CR 2003, 142, 143; *Räther/Seitz,* MMR 2002, 425, 426; *Gerhold/Heil,* DuD 2001, 377, 378. Der Frage widmet sich nur *Scheja,* Weltweite Kundendatenbank, 140 ff.

[121] Zur doppelten Zielsetzung der DSRL siehe oben B. I. 1. b.

- **Vereinbarkeit mit Art. 25 DSRL – Schutzziel**

Fraglich ist zunächst, ob die Grundrechte und Grundfreiheiten natürlicher Personen bei der Verarbeitung ihrer personenbezogenen Daten dadurch beeinträchtigt werden, dass die Angemessenheit des Schutzniveaus durch die übermittelnde Stelle beurteilt wird.

Es wird zutreffend bemerkt, dass der Datenexporteuer die Übermittlungsumstände am besten kennt.[122] Er weiß, welche Daten aus welchem Grund an wen übermittelt werden sollen und hat insofern eine gute Grundlage für die Beurteilung der Zulässigkeit. Darüber hinaus sei der Schutz der Betroffenen dadurch gewährleistet, dass das BDSG in den §§ 4 f, g Mechanismen der betrieblichen Selbstkontrolle mittels eines unabhängigen und sachkundigen betrieblichen Datenschutzbeauftragten vorsehe.[123] Dieser Ansicht ist zuzustimmen. In der Tat muss jede datenverarbeitende Stelle, also auch ein Datenexporteur, gem. § 4 f I S. 1 BDSG einen Datenschutzbeauftragten bestellen. Dieser muss fachkundig und zuverlässig sein, § 4 f II S. 1 BDSG. Er wirkt gem. § 4 g I S. 1 BDSG auf die Einhaltung des BDSG und anderer Vorschriften zum Datenschutz hin. Eine seiner Aufgaben ist gem. § 4 d V, VI BDSG die Vorabkontrolle bei automatisierten Verarbeitungen, die besondere Risiken für die Rechte und Freiheiten der Betroffenen mit sich bringen. Neben den im Gesetz nicht abschließend aufgeführten Beispielen bestehen solche Risiken, wie richtig ausgeführt wird, regelmäßig auch bei der Drittstaatenübermittlung personenbezogener Daten.[124] Auch für sie besteht daher eine Vorabkontrollpflicht durch den betrieblichen Datenschutzbeauftragten. In Zweifelsfällen hat er sich im Rahmen einer solchen Vorabkontrolle gem. § 4 d VI S. 3 BDSG an die Aufsichtsbehörde (im Folgenden: Behörde) zu wenden, so dass die eigenverantwortliche Beurteilung der Angemessenheit faktisch nur in eindeutigen Fällen erfolgen darf.[125] Die Gefahr von Fehleinschätzungen ist dadurch, wie zu Recht geschlussfolgert wird,[126] begrenzt und nicht höher als bei einer Beurteilung durch die Aufsichts-

[122] *Gola/Schomerus*, BDSG, § 4 b Rn. 18; Simitis - *Simitis*, BDSG, § 4 b Rn. 89.
[123] *Scheja*, Weltweite Kundendatenbank, 140 ff.
[124] *Scheja*, Weltweite Kundendatenbank, 142.
[125] *Scheja*, Weltweite Kundendatenbank, 143.
[126] So auch *Scheja*, Weltweite Kundendatenbank, 143.

behörde. Der Grundrechtsschutz der Betroffenen wird daher auch bei einer Angemessenheitsbeurteilung durch den Datenexporteur gewahrt.

- **Vereinbarkeit mit Art. 25 DSRL – Binnenmarktziel**

Weiterhin könnte das Ziel des freien Binnenmarktes beeinträchtigt sein, wenn man die Beurteilung der Angemessenheit dem Datenexporteur überlässt. Es wird befürchtet, dass damit die Gefahr eines im datenschutzrechtlichen Binnenraum insgesamt geschwächten Schutzes einhergeht, weil aufgrund des durch die DSRL garantierten freien Datenverkehrs die Datenströme wahrscheinlich über die „am wenigsten aufwändigen" Ausfuhrwege geleitet werden.[127] Wie gezeigt, ist aber eine Beurteilung durch den Datenexporteur im Anwendungsbereich des BDSG wegen der betrieblichen Selbstkontrolle durch einen Datenschutzbeauftragten nicht fehleranfälliger als eine Beurteilung durch die Behörde, die in Zweifelsfällen ohnehin hinzugezogen werden muss. Dies verhindert, dass Deutschland im Vergleich zu anderen Mitgliedstaaten zu einem „wenig aufwändigen" Ausfuhrweg wird. Eine Beeinträchtigung des Binnenmarktes durch die Regelung des § 4 b V BDSG ist daher nicht ersichtlich.

- **Ergebnis**

Im Ergebnis steht die Verantwortungszuweisung den Zielen der DSRL nicht entgegen und liegt daher in dem den Mitgliedstaaten gewährten Umsetzungsspielraum. Während der Datenexporteur die Angemessenheit des Schutzniveaus gem. § 4 b III, V BDSG beurteilt, prüft die inländische Behörde im Rahmen des § 4 c II BDSG das Vorliegen ausreichender Garantien hinsichtlich des Schutzes des Persönlichkeitsrechts und der Ausübung der damit verbundenen Rechte (im Folgenden: ausreichende Garantien). Wegen des Exklusivitätsverhältnisses zwischen § 4 b und § 4 c BDSG kommt die behördliche Prüfungskompetenz erst zum Tragen, wenn eine Übermittlung *trotz* fehlender Angemessenheit

---

[127] Erster Bericht der Kommission über die Durchführung der Datenschutzrichtlinie (EG 95/46) vom 15.05.2003, KOM(2003) 265 endgültig, 20.

auf Grundlage ausreichender Garantien erfolgen soll.[128] Der Anwendungsbereich des § 4 c BDSG ist nämlich, wie zutreffend ausgeführt wird, erst eröffnet, wenn kein angemessenes Schutzniveau gem. § 4 b BDSG vorliegt. Die dem Datenexporteur obliegende Prüfung ist also nicht nur inhaltlich weitreichend,[129] sondern – abgesehen von der behördlichen Beteiligung an der Angemessenheitsbeurteilung in Zweifelsfällen – der Prüfung durch die Behörde auch zeitlich vorgelagert.

- **Grundlagen der Angemessenheitsprüfung**

Fraglich ist auch, ob der Beurteilende bei seiner Prüfung das nationale Datenschutzniveau des Mitgliedstaates oder das einheitliche europäische Datenschutzniveau der DSRL zugrunde zu legen hat. Eine Meinung sieht als Beurteilungsmaßstab in erster Linie die Vorschriften des BDSG und damit nur mittelbar die DSRL.[130] Eine andere Ansicht will auf das europäische Datenschutzniveau der DSRL abstellen.[131] Sie argumentiert, dass sonst nationale Datenschutzvorschriften dadurch umgangen werden könnten, dass die für die Datenübermittlung verantwortliche Stelle in dem Mitgliedstaat angesiedelt wird, der die geringsten Anforderungen an die Angemessenheit von Datenschutzvorschriften im Drittstaat stellt. Diese Diskussion ist aber insofern müßig, als auch das nationale Recht richtlinienkonform auszulegen ist. In beiden Fällen kommt es also letztlich auf das von der DSRL vorgesehene Datenschutzniveau an.

Bei ihrer Angemessenheitsprüfung können sich Datenexporteure teilweise an dem diesbezüglichen Prüfungsergebnis der Kommission orientieren. Für einige Drittstaaten hat sie bereits die Angemessenheit des Schutzniveaus bestätigt: Argentinien,[132] Guernsey,[133] Isle of Man,[134]

---

128 *Rittweger/Weiße*, CR 2003, 142, 145 f. Dem folgen *Moritz/Tinnefeld*, JurPC Web-Dok 181/2003 (siehe Anlage 10), Abs. 13 und *Weniger*, Datenübermittlung, 440.

129 Zur Berücksichtigung aller für die Übermittlung bedeutsamen Umstände siehe oben B. II. 2. b.

130 Simitis - *Simitis*, BDSG, § 4 b Rn. 7 und 38.

131 Däubler/Klebe/Wedde/Weichert - *Däubler*, BDSG, § 4 b Rn. 12, *Scheja*, Weltweite Kundendatenbank, 111.

132 Entscheidung der Kommission vom 30.06.2003, ABl. EU L 168 vom 05.07.2003, 19 ff.

133 Entscheidung der Kommission vom 21.11.2003, ABl. EU L 308 vom 25.11.2003, 27 f.

Schweiz[135] und Ungarn,[136] welches inzwischen ohnehin zur EU gehört. Für Kanada ist ein angemessener Schutz nur teilweise festgestellt worden.[137] Den USA kommt wegen ihrer überragenden wirtschaftlichen Bedeutung als Handelspartner der EU eine Sonderrolle zu. Das US-amerikanische Recht kann zwar weder in seiner Gesamtheit, noch sektoral betrachtet ein angemessenes Datenschutzniveau bieten.[138] Die Folgen einer daraus erwachsenden Pflicht europäischer Datenexporteure, transatlantische Übermittlungen personenbezogener Daten zu unterlassen, wären jedoch kaum auszudenken gewesen. Als Reaktion entwickelte das US-Handelsministerium in Zusammenarbeit mit der Kommission die Safe-Harbor-Vereinbarung.[139] Sie beruht auf dem Prinzip der Selbstzertifizierung.[140] US-amerikanische Unternehmen können den Status eines „sicheren Hafens" für personenbezogene Daten aus dem datenschutzrechtlichen Binnenraum erlangen, indem sie sich freiwillig in eine behördlich geführte Liste eintragen lassen. Damit verpflichten sie sich, eine Reihe von Datenschutzgrundsätzen einzuhalten, durch die ein Schutz der Betroffenen in ihrem Recht auf informationelle Selbstbestimmung gewährleitet werden soll. Sie weisen dann nach Ansicht der Kommission ein angemessenes Datenschutzniveau i.S.d. Art. 25 DSRL auf, so dass ein Datentransfer an sie zulässig ist. Um zu klären, ob,

---

[134] Entscheidung der Kommission vom 28.04.2004, ABl. EU L 151 vom 30.04.2004, 51 ff. und Berichtigung in ABl. EU L 208, 47ff.

[135] Entscheidung der Kommission vom 26.07.2000, ABl. EG L 215 vom 25.08.2000, 1 ff.

[136] Entscheidung der Kommission vom 26.07.2000, ABl. EG L 215 vom 25.08.2000, 4 ff.

[137] Entscheidung der Kommission vom 20.12.2001, ABl. EG L 2 vom 04.01.2002, 13 ff. für personenbezogene Daten, die dem „Personal Information Protection and Electronic Documents Act" unterliegen; Entscheidung der Kommission vom 06.09.2005, ABl. EU L 91 vom 29.03.2006, 49 ff. für personenbezogene Daten, die über die Passenger Name Records an die Canada Border Services Agency übermittelt werden.

[138] *Genz,* Datenschutz in Europa und den USA, 129; vgl. *Klug,* RDV 2000, 212, 213.

[139] Entscheidung der Kommission vom 26.07.2000 gemäß der Richtlinie 95/46/EG des Europäischen Parlaments und des Rates über die Angemessenheit des von den Grundsätzen des „sicheren Hafens" und der diesbezüglichen „Häufig gestellten Fragen" (FAQ) gewährleisteten Schutzes, vorgelegt vom Handelsministerium der USA, ABl. EG L 215 vom 25.08.2000, 7 ff.; Ausführlich zum Prozess des Zustandekommens der Safe-Harbor-Vereinbarung *Genz,* Datenschutz in Europa und den USA, 129 f.

[140] *Scheja,* Weltweite Kundendatenbank, 155; *Genz,* Datenschutz in Europa und den USA, 132 f.; *Burgsdorff,* Umsetzung der DSRL, 84.

inwieweit und für wen diese Kommissionsentscheidungen verbindlich sind, muss ihre Rechtsnatur betrachtet werden.

- **Rechtsnatur von Kommissionsentscheidungen**

Es könnte sich um eine Empfehlung i.S.d. Art. 211 Spiegelstrich 2 EGV oder um eigenständig gesetztes Recht handeln. Die Kommission ist als Exekutive aber zur Rechtsetzung gem. Art. 211 Spiegelstrich 4 EGV nur berechtigt, wenn sie damit Befugnisse ausübt, die ihr der Rat zur Durchführung der von ihm erlassenen Vorschriften überträgt. Fraglich ist also, ob die Kommission mit ihren Entscheidungen zur Angemessenheit des Schutzniveaus in bestimmten Drittstaaten ihre Durchführungsbefugnisse ausgeübt hat. Zur Beurteilung dieser Frage ist das Gemeinschaftsrecht, insbesondere die von Rat und Parlament erlassene DSRL heranzuziehen. In der Tat räumt die DSRL der Kommission diesbezüglich umfassende Kompetenzen ein. Sie kann feststellen, dass ein angemessenes Schutzniveau vorliegt, Art. 25 VI DSRL, oder eben nicht, Art. 25 IV DSRL. Außerdem ist sie ermächtigt, Verhandlungen mit Drittstaaten zu führen, um die für die getroffenen Negativentscheidungen ursächliche Situation zu verbessern, Art. 25 V DSRL. Es handelt sich bei den Angemessenheitsentscheidungen der Kommission also um eigenständig gesetztes Recht auf der Grundlage von gemeinschaftsrechtlicher Ermächtigung.

In jeder der Kommissionsentscheidungen ist verankert, dass sie sich an die Mitgliedstaaten richtet. Sie ist daher gem. Art. 249 IV EGV für diese in allen ihren Teilen verbindlich. Zwar stellt sie keine autonome Übermittlungsuntersagung oder -erlaubnis dar, sie führt jedoch zu einer für die Mitgliedstaaten zwingenden Auslegung des Angemessenheitskriteriums in Bezug auf das betroffene Land.[141] So müssen Mitgliedstaaten im Fall einer Negativfeststellung der Kommission Sorge tragen, dass entsprechende Datenübermittlungen fortan unterbleiben, Art. 25 IV DSRL. Bei einer Positivfeststellung gem. Art. 25 VI DSRL ergibt sich allerdings keine gemeinschaftsrechtliche Verpflichtung der Mitgliedstaaten, die

---

[141] *Wuermeling*, Handelshemmnis, 138; *Di Martino*, Datenschutz, 67.

Datenübermittlung in den Drittstaat auch zuzulassen.[142] Zumindest stellt das Datenschutzniveau des Drittstaates dann aber kein Übermittlungshindernis mehr dar.[143] Der Zulässigkeit einer Drittstaatenübermittlung können auch noch weitere schutzwürdige Belange des Betroffenen entgegenstehen.[144] Die Angemessenheit des Datenschutzniveaus ist nämlich nur ein Bestandteil des Tatbestandsmerkmals, wie sich aus der Verwendung des Wortes „insbesondere" in § 4 b II S. 2 BDSG ergibt. Jedoch wird bei festgestellter Angemessenheit regelmäßig von der Zulässigkeit der Übermittlung - vorbehaltlich der Umstände des Einzelfalls - auszugehen sein.[145]

#### d. Anknüpfungsobjekt für die Angemessenheitsbetrachtung

##### - Empfängerstaat, Art. 25 I, II DSRL versus Empfängerstelle, § 4 b II S. 2 BDSG

Gem. Art. 25 I, II DSRL ist für die Zulässigkeit einer Drittstaatenübermittlung entscheidend, ob das Datenschutzniveau im Empfänger*staat* angemessen ist. Die inländische Umsetzungsnorm § 4 b II S. 2 BDSG erklärt hingegen das Datenschutzniveau bei der konkreten Empfänger*stelle* - also z.B. bei einem Unternehmen - für ausschlaggebend. Fraglich ist, ob diese Abweichung von den Vorgaben der Richtlinie zulässig ist.

Richtlinien des Europäischen Parlaments sind gem. Art. 249 III EGV für jeden Mitgliedstaat hinsichtlich des zu erreichenden Ziels verbindlich, die Wahl der Form und Mittel bleibt jedoch den innerstaatlichen Stellen überlassen. Die DSRL will einerseits die Grundrechte der Betroffenen bei der Verarbeitung ihrer personenbezogenen Daten schützen, andererseits den freien Verkehr ebendieser Daten zwischen den Mitgliedstaaten gewährleisten.[146] Die Wahl eines anderen Anknüpfungsobjekts für die Angemessenheitsbetrachtung in § 4 b II S. 2 BDSG müsste

---

[142] Dammann/Simitis - *Dammann,* DSRL, Art. 25 Rn. 30; andere Ansicht *Ehmann/ Helfrich,* DSRL, Art. 25 Rn. 24.

[143] Dammann/Simitis - *Dammann,* DSRL, Art. 25 Rn. 30.

[144] *Duhr/Naujok/Peter/Seiffert,* DuD 2002, 5, 16; *Räther/Seitz,* MMR 2002, 425, 426; *Weniger,* Datenübermittlung, 440 f.

[145] *Räther/Seitz,* MMR 2002, 425, 426.

[146] Zur doppelten Zielsetzung der DSRL siehe oben B. I. 1. b.

ein zulässiges Umsetzungsmittel sein, das der Erreichung der Ziele der DSRL nicht entgegensteht.

Ein Teil der Literatur scheint diese Diskrepanz für unproblematisch zu halten und will bei der Angemessenheitsbetrachtung auf die konkrete Stelle, nicht auf den ausländischen Staat insgesamt abstellen.[147] Dafür wird lediglich auf den Wortlaut[148] verwiesen oder darauf, dass der Übermittlungsempfänger für die Übermittlung auch und vor allem bedeutsam sei.[149] Der Datenempfänger kann jedoch nicht losgelöst von der Rechtsordnung betrachtet werden, in der er agiert und zu deren Einhaltung er verpflichtet ist. Auch die Tatsache, dass die Kommission bisher noch keine Bedenken gegen die deutsche Richtlinienumsetzung geäußert hat,[150] ist kein schlagkräftiges Argument. Dies mag zwar als Indiz gelten, kann aber nicht die Grundlage einer rechtlichen Bewertung bilden. Es sollte nicht außer Acht gelassen werden, dass die hohe Arbeitsbelastung der Kommission der Grund dafür sein könnte, dass sie diese Problematik noch nicht kritisiert hat. Die wenig aufschlussreiche Feststellung, dass durch die Sichtweise des § 4 b II S. 2 BDSG unternehmensspezifische Faktoren Bedeutung erlangen können,[151] hilft bei der Überlegung, ob eine richtlinienkonforme Umsetzung von Art. 25 I, II DSRL erfolgt ist, ebenfalls nicht weiter.

---

[147] *Gola/Schomerus*, BDSG, § 4 b Rn. 7; Simitis - *Simitis*, BDSG, § 4 b Rn. 46; Däubler/Klebe/Wedde/Weichert - *Däubler*, BDSG, § 4 b Rn. 10; *Tinnefeld*, Datenschutzrecht, 346; *Räther/Seitz*, MMR 2002, 425, 426; *Backes/Eul/Guthmann/Martwich/Schmidt*, RDV 2004, 156 f.

[148] *Räther/Seitz*, MMR 2002, 425, 426; *Gola/Schomerus*, BDSG, § 4 b Rn. 7; Simitis - *Simitis*, BDSG, § 4 b Rn. 46, der auf eine andere „Akzentsetzung" verweist.

[149] Simitis - *Simitis*, BDSG, § 4 b Rn. 46.

[150] *Backes/Eul/Guthmann/Martwich/Schmidt*, RDV 2004, 156, 157.

[151] *Räther/Seitz*, MMR 2002, 425, 426.

- **Richtlinienkonformität der nationalen Umsetzung – Binnenmarktziel**

Es wird aber auch mit überzeugenden Argumenten die Meinung vertreten, dass die Umsetzung in § 4 b II S. 2 BDSG den Zielen der DSRL widerspricht und daher unzulänglich ist.[152]

Zum einen sei der freie Binnenmarkt gefährdet.[153] Es wird zutreffend ausgeführt, dass durch das BDSG eine Kommissionsfeststellung zur fehlenden Angemessenheit in einem Drittstaat und das damit einhergehende Übermittlungsverbot in den Fällen umgangen wird, in denen die datenempfangende Stelle Defizite kompensiert und so ein angemessenes Datenschutzniveau herstellt.[154] Die auf ein Land bezogene Kommissionsfeststellung wäre nämlich nur einer von mehreren Umständen, die der Datenexporteur im Rahmen seiner auf eine konkrete Empfängerstelle bezogenen Prüfung gem. § 4 b III BDSG zu berücksichtigen hätte. Eine Übermittlung müsste also nicht schon allein deswegen unterbleiben, weil der Drittstaat kein angemessenes Datenschutzniveau aufweist. Solange die empfangende Stelle ein solches sicherstellt, wäre ein Datentransfer nach dem Wortlaut des § 4 b II BDSG zulässig. Dies führt, wie richtig dargestellt wird,[155] zu einer Benachteiligung von Unternehmen in den Mitgliedstaaten, die Art. 25 I, II DSRL entsprechend der Vorgabe umgesetzt haben. Ihnen wäre ein Datentransfer in Drittstaaten ohne angemessenes Schutzniveau, selbst wenn ein solches bei der empfangenden Stelle bestehen würde, nur unter den besonderen Voraussetzungen des Art. 26 I, II DSRL möglich. Ein einheitlicher Binnenmarkt ist aber nur gewährleistet, wenn Unternehmen darin unter gleichen Bedingungen agieren können. Dies wäre nicht mehr gegeben, wenn man in einem der Mitgliedstaaten eine Anknüpfung der Angemessenheitsbetrachtung an die konkrete Empfängerstelle zuließe. Die teilweise vereinfachte Übermittelbarkeit personenbezogener Daten würde in der Tat zu Wettbe-

---

[152] *Rittweger/Weiße*, CR 2003, 142, 146 f. Dem folgen *Moritz/Tinnefeld*, JurPC Web-Dok 181/2003 (siehe Anlage 10), Abs. 13 und *Weniger*, Datenübermittlung, 439 ff.

[153] *Rittweger/Weiße*, CR 2003, 142, 147.

[154] *Rittweger/Weiße*, CR 2003, 142, 147. Dem folgen *Moritz/Tinnefeld*, JurPC Web-Dok 181/2003 (siehe Anlage 10), Abs. 13 und *Weniger*, Datenübermittlung, 440.

[155] *Rittweger/Weiße*, CR 2003, 142, 147.

werbsverzerrungen[156] und damit zu Beeinträchtigungen des Binnenmarktes führen.

Ein von den Vorgaben der DSRL abweichendes Anknüpfungsobjekt für die Angemessenheitsbetrachtung ist daher nicht mit ihrem Ziel eines hinsichtlich der Datenschutzanforderungen einheitlichen Binnenmarktes vereinbar.

- **Richtlinienkonformität der nationalen Umsetzung – Schutzziel**

Zum anderen wird befürchtet, dass durch die Anknüpfung am Datenschutzniveau der Empfängerstelle die Rechte des Betroffenen gefährdet seien.[157]

Im deutschen Recht laufe die in Art. 26 II DSRL vorgesehene Prüfungskompetenz der mitgliedstaatlichen Behörden hinsichtlich der ausreichenden Garantien leer. Durch die umfangreiche, zeitlich vorgelagerte Prüfung des Datenexporteurs komme es zur Zuständigkeitsverschiebung bei der Prüfung des Datenschutzniveaus der Empfängerstelle. Wegen des Fehlens einer außenstehenden Kontrollinstanz sei der Grundrechtsschutz gefährdet. Diese Argumentation ist zu kritisieren. Methodisch wird sie an der falschen Stelle vorgebracht. Erwägungen zum Verfahren der Angemessenheitsbeurteilung und ihren Folgen für die Prüfung ausreichender Garantien sind hier sachfremd. Sie könnten zwar herangezogen werden, um die Unzulässigkeit der Beurteilung durch den Datenexporteur zu begründen. Für die Frage aber, *wo* die Angemessenheitsbetrachtung anzuknüpfen hat, ist es unerheblich, *wer* sie durchführt. Selbst wenn die Argumente hier relevant wären, könnte ihnen inhaltlich nicht zugestimmt werden. Der Grundrechtsschutz des Betroffenen bleibt, wie oben gezeigt,[158] nämlich bei der Beurteilung der Angemessenheit durch den Datenexporteur erhalten. Fehlt die Angemessenheit, bleibt der Behörde die Prüfung ausreichender Garantien unbenommen. Sie agiert also weiterhin mit Distanz und Neutralität als außenstehende Kontrollinstanz.

---

[156] *Rittweger/Weiße*, CR 2003, 142, 147.
[157] *Rittweger/Weiße*, CR 2003, 142, 147.
[158] Ausführlich dazu siehe oben B. II. 2. c.

Im Hinblick auf die Rechte der Betroffenen ist vielmehr zu bedenken, dass die Datenschutzaufsicht in vielen Drittstaaten, gerade in denen ohne angemessenes Datenschutzniveau, unzureichend sein dürfte. Selbst wenn die Empfängerstelle zum Zeitpunkt der Prüfung durch den Datenexporteur ein angemessenes Datenschutzniveau aufweist, ist nicht sichergestellt, dass sie es auch aufrecht erhält. Liegt im Drittstaat ein angemessenes Datenschutzniveau vor, kommt es nur darauf an, ob die Empfängerstelle ihre gesetzlichen Pflichten erfüllt.[159] Dies kann dann auch von der Behörde im Drittstaat überprüft werden. In dem wesentlich wahrscheinlicheren Fall aber, dass der Drittstaat kein angemessenes Datenschutzniveau aufweist, fehlt der dortigen Behörde die Grundlage für die Durchsetzung eines über die gesetzlichen Verpflichtungen hinausgehenden Schutzniveaus bei den Stellen, an die personenbezogene Daten aus dem datenschutzrechtlichen Binnenraum übermitteln werden. Folglich können die Rechte der Betroffenen nur dann nach Maßgabe der DSRL geschützt werden, wenn der Empfängerstaat als Ganzes ein angemessenes Datenschutzniveau und daher mit großer Wahrscheinlichkeit auch eine wirkungsvolle Datenschutzaufsicht gewährleistet. Für die Beurteilung der Angemessenheit des Schutzniveaus ist nämlich der Inhalt der geltenden Vorschriften genau so wichtig wie die Mittel zur Sicherung ihrer wirksamen Anwendung.[160] Das Anknüpfungobjekt für die Angemessenheitsbetrachtung muss daher auch im Hinblick auf das Richtlinienziel des Persönlichkeitsschutzes das Datenschutzniveau des Empfängerstaates sein, nicht dasjenige der Empfängerstelle.

Schließlich ist zu beachten, dass die DSRL zwar erhöhte Anforderungen an das Schutzniveau zulässt. So ist es nicht nur allgemein möglich, einen über die Vorgaben der DSRL hinausgehenden Schutz personenbezogener Daten vorzusehen,[161] sondern Art. 25 I DSRL verdeutlicht durch die Formulierung „vorbehaltlich [...] einzelstaatliche[r] Vorschriften" ausdrücklich, dass die Zulässigkeit einer Drittstaatenübermittlung an strengere Voraussetzungen als die bloße Angemessenheit des Schutz-

---

159 *Räther/Seitz*, MMR 2002, 425, 426.

160 Vgl. Art. 29 Gruppe, WP 12 (siehe Anlage 9), 5 und 7 f. mit Grundsätzen zu den verfahrensrechtlichen Mechanismen, anhand derer die Datenschutzaufsicht im Rahmen der Angemessenheitsbetrachtung beurteilt werden sollte. Siehe auch oben B. II. 2. b.

161 Dazu siehe oben B. I. 1. b.

niveaus geknüpft werden kann.[162] Es ist jedoch nicht ersichtlich, dass sie eine Senkung der diesbezüglichen Hürden duldet. Dies wäre aber die Konsequenz einer Anknüpfung an die Empfängerstelle statt an den empfangenden Drittstaat.[163]

- **Ergebnis**

Unter diesen Gesichtspunkten ist das Anknüpfungsobjekt „Drittstaat" als Teil des zwingenden Regelungsgehalts der DSRL anzusehen. Stünde es zur Disposition, könnte sich der Datenexporteur zum Zweck einer möglichst einfachen Drittstaatenübermittlung gezielt in dem Mitgliedstaat ansiedeln, der in seiner nationalen Umsetzung die niedrigsten Anforderungen an das Anknüpfungsobjekt und damit an die Angemes-

---

[162] *Ehmann/Helfrich*, DSRL, Art. 25 Rn. 7.

[163] Man könnte sich fragen, wie diese Ansicht mit den Regelungen des Safe-Harbor-Abkommens zusammenpasst. Es wird, wie unter B. II. 2. c. beschrieben, in diesem Sonderfall auf die Angemessenheit des Datenschutzniveaus bei einem konkreten US-Unternehmen abgestellt. Die oben dargelegten Argumente, die gegen das Anknüpfungsobjekt „Empfängerstelle" i.R.d. § 4b II BDSG sprechen, treffen bei US-Unternehmen allerdings nicht zu. Wettbewerbsverzerrungen im Binnenmarkt, wie sie bei einer rein nationalen Übermittlungserleichterung auftreten könnten, sind im Fall der USA nicht zu befürchten. Die Nutzung des Safe-Harbor-Abkommens zur Datenübermittlung steht allen Mitgliedstaaten gleichermaßen offen, wodurch eine Chancengleichheit im Binnenraum gewährleistet bleibt. Auch Einschränkungen des Grundrechtsschutzes aufgrund mangelnder Datenschutzaufsicht sind in den USA nicht zu befürchten. Während in beliebigen Drittstaaten mit einer fehlenden oder unzureichenden Datenschutzaufsicht gerechnet werden muss, kann ein US-Unternehmen Safe-Harbor nur beitreten, wenn es der Aufsicht einer anerkannten staatlichen Einrichtung unterliegt, die bei Nichtbeachtung der Safe-Harbor-Principles befugt ist, Verstöße zu prüfen sowie Abhilfe zu schaffen und Schadenersatz für Privatpersonen zu erwirken. Eine wirkungsvolle US-Datenschutzaufsicht, nach jetziger Rechtslage durch die Federal Trade Commission und das US-Department of Transportation, und damit der Grundrechtsschutz des Betroffenen sind somit sichergestellt. Im Fall der USA werden die Richtlinienziele durch ein Abstellen auf das Datenschutzniveau der konkreten Empfängerstelle also nicht beeinträchtigt. Dies gilt, wie oben gezeigt, nicht für eine rein nationale Umsetzung von Art. 25 I, II DSRL. Die Regelungen des Safe-Harbor-Abkommens stehen der Ansicht, dass die Anknüpfung an die Empfängerstelle statt an den Empfängerstaat in § 4 b II BDSG als richtlinienwidrig abzulehnen ist, jedenfalls nicht entgegen.

senheitsprüfung verankert hat. Diese Situation ist nach Sinn und Zweck der DSRL weder im Hinblick auf den Binnenmarkt noch unter dem Aspekt des Grundrechtsschutzes hinnehmbar. Es handelt sich bei der Wahl eines von den Vorgaben der DSRL abweichenden Anknüpfungsobjekts für die Angemessenheitsbetrachtung also nicht um ein zulässiges Umsetzungsmittel, denn es steht ihren Zielen entgegen. Im Ergebnis ist der Wortlaut des § 4 b II BDSG daher dahingehend richtlinienkonform auszulegen, dass bei der Beurteilung der Zulässigkeit einer Drittstaatenübermittlung auf die Angemessenheit des Schutzniveaus im Empfängerstaat und nicht bei der Empfängerstelle abzustellen ist.[164]

### 3. Alternativen bei fehlender Angemessenheit des Schutzniveaus

Eine Übermittlung personenbezogener Daten ist grundsätzlich unzulässig, wenn ein angemessenes Schutzniveau fehlt. Angesichts der nur geringen Zahl von Angemessenheitsfeststellungen wäre es in der Praxis allerdings mit zu viel Aufwand und Rechtsunsicherheit verbunden, vor jeder Drittstaatenübermittlung die Angemessenheit der Datenschutzbestimmungen prüfen zu müssen. Tatsächlich wird es für die Zulässigkeit einer Datenübermittlung selten auf das Vorliegen eines angemessenen Schutzniveaus im Drittstaat ankommen. Nicht die auf Art. 25 DSRL beruhenden „Grundsätze" des § 4 b BDSG, sondern die auf Art. 26 DSRL beruhenden „Ausnahmen" des § 4 c BDSG werden im Unternehmensalltag besonders bedeutsam sein. Die Struktur der Bestimmungen vermittelt insofern einen falschen Eindruck von der Übermittlungsrealität.[165] Das Unternehmen wird in der Regel zunächst prüfen, ob der avisierte Datentransfer unabhängig vom Vorliegen eines angemessenen Schutzniveaus im Drittstaat über eine der folgenden Alternativmöglichkeiten zulässig ist.

---

[164] *Rittweger/Weiße*, CR 2003, 142, 147. Dem folgen *Moritz/Tinnefeld*, JurPC Web-Dok 181/2003 (siehe Anlage 10), Abs. 13 und *Weniger*, Datenübermittlung, 440.

[165] *Simitis* in: Büllesbach (Hrsg.), Datenverkehr, 177, 180. Diese Ansicht teilt auch *Ellger*, RabelsZ 1996, 738, 752.

## a. Katalogausnahmen, § 4 c I BDSG

Die Katalogausnahmen des § 4 c I S. 1 Nr. 1 - 6 BDSG wurden fast wörtlich aus Art. 26 I DSRL übernommen. Die letzten drei Ausnahmen (öffentliches Interesse, lebenswichtiges Interesse des Betroffenen und Registerübermittlung) sollen hier wegen ihrer geringen praktischen Relevanz nicht betrachtet werden. Für den Datenexporteur weitaus interessanter sind die Erlaubnistatbestände des § 4 c I S. 1 Nr. 1 - 3 BDSG.

### - Einwilligung, § 4 c I S. 1 Nr. 1 BDSG

Gem. § 4 c I S. 1 Nr. 1 BDSG, zurückzuführen auf Art. 26 I lit. a DSRL ist, ist eine Drittstaatenübermittlung zulässig, wenn der Betroffene seine Einwilligung gegeben hat. Die Anforderungen an eine datenschutzrechtliche Einwilligung sind in der Legaldefinition des Art. 2 lit. h DSRL sowie in § 4 a BDSG geregelt. Trotz anderer sprachlicher Ausgestaltung stimmt der Bedeutungsgehalt weitestgehend überein.[166] Wegen der erhöhten Risiken einer Drittstaatenübermittlung ist für eine dahingehende Einwilligung eine besonders intensive Aufklärung des Betroffenen geboten.[167] Folgt man der Struktur des Art. 2 lit. h DSRL und beachtet die besonderen Anforderungen für eine Drittstaatenübermittlung, so ergeben sich folgende Wirksamkeitsvoraussetzungen:

- Die Einwilligung muss ohne Zwang abgegeben worden sein. Dies entspricht der Forderung des § 4 a I S. 1 BDSG, dass ihr eine freie Entscheidung zugrunde liegen muss. Daher ist eine datenschutzrechtliche Einwilligung unwirksam, wenn sie unter Ausnutzung einer wirtschaftlichen Machtposition,[168] durch Koppelung an für den Betroffenen existentiell notwendige Leistungen[169] oder inner-

---

[166] *Räther/Seitz*, MMR 2002, 425, 431.

[167] Däubler/Klebe/Wedde/Weichert - *Däubler*, BDSG, § 4 c Rn. 5; Simitis - *Simitis*, BDSG, § 4 c Rn. 9.

[168] *Gola/Schomerus* BDSG, § 4 a Rn. 6; *Petri*, RDV 2007, 153, 155.

[169] Simitis - *Simitis*, § 4 a Rn. 62 ff.; *Tinnefeld*, Datenschutzrecht, 320; *Petri*, RDV 2007, 153, 155 f.; *Roßnagel/Pfitzmann/Garstka*, Modernisierung, 92 f.; *Schaar*, MMR 2001,

halb eines Abhängigkeitsverhältnisses[170] erlangt wurde. In diesen Fällen besteht ein faktischer Zwang zur Abgabe der Einwilligung, durch den die Zulässigkeit der Datenverarbeitung nicht begründet werden darf.

- Die Einwilligung muss einen konkreten Fall betreffen. Nur so ist auch sichergestellt, dass die Einwilligung ohne jeden Zweifel gegeben wurde, wie Art. 26 I lit. a DSRL verlangt.

- Die Einwilligung muss in Kenntnis der Sachlage gegeben worden sein. Es bedingt bereits die Eigenschaft einer Einwilligung als vorherige Zustimmung nach § 183 S. 1 BGB, dass der Betroffene vor der Übermittlung informiert werden muss.[171] Ein solcher „informed consent" setzt eine Unterrichtung über Zweck, Empfänger und Umstände der Übermittlung voraus, so dass er die Auswirkungen seiner Entscheidung einschätzen kann.[172] Dazu gehört auch, dass dem Betroffenen im Falle eines Datentransfers mitgeteilt wird, in welchen Drittstaat seine Daten übermittelt werden, ob dort ein angemessenes Datenschutzniveau vorliegt oder nicht[173] und welche Risiken mit einem verminderten Schutz einhergehen könnten, z.B. Weiterübermittlung oder Zugriff fremder Behörden.[174] In § 4 a I S. 2 BDSG wird auch ausdrücklich verlangt, den Betroffenen, soweit erforderlich oder auf Verlangen, über die Fol-

---

644, 647 f. Eine solche Regelung findet sich ausdrücklich in § 3 IV TDDSG, vgl. dazu *Rasmussen*, DuD 2002, 406, 409.

170 Beispielhaft dafür ist ein Arbeitsverhältnis, Simitis - *Simitis*, BDSG, § 4 a Rn. 62 ff.; *Schaar*, MMR 2001, 644. Für eine zumindest fragwürdige Rechtsgrundlage bei Arbeitsverhältnissen halten die Einwilligung *Gola/Schomerus*, BDSG, § 4 c Rn. 5 und *Backes/Eul/Guthmann/Martwich/Schmidt*, RDV 2004, 156, 159.

171 So auch *Petri*, RDV 2007, 153, 155.

172 BGHZ 95, 362, 368; *Büllesbach/Höss-Löw*, DuD 2001, 135, 136; *Schaar*, MMR 2001, 644; *Gola/Schomerus*, BDSG, § 4 a Rn. 11; Simitis - Simitis, BDSG, § 4 a Rn. 20; *Tinnefeld*, Datenschutzrecht, 318 f.; *Petri*, RDV 2007, 153, 156; Däubler/Klebe/Wedde/Weichert - *Däubler*, BDSG, § 4 a Rn. 8.

173 *Räther/Seitz*, MMR 2002, 425, 432; *Terwangne/Louveaux*, MMR 1998, 451, 456.

174 Simitis - *Simitis*, BDSG, § 4 c Rn. 9; *Gola/Schomerus*, BDSG, § 4 c Rn. 5; Däubler/Klebe/Wedde/Weichert - *Däubler*, BDSG, § 4 c Rn. 5; *Klug*, RDV 1999, 109, 112.

gen einer Verweigerung der Einwilligung hinzuweisen.[175] Die Informationen, aufgrund derer der Betroffene seine Entscheidung trifft, müssen richtig und vollständig sein, sonst ist die Einwilligung unwirksam.[176]

- Der deutsche Gesetzgeber verlangt im Gegensatz zum Richtliniengeber noch zusätzlich die Schriftform der Einwilligung. Gem. § 4 a I S. 3 BDSG ist sie zwingend, soweit nicht wegen besonderer Umstände eine andere Form angemessen ist.[177] Die datenschutzrechtliche Einwilligungserklärung ist im Zusammenhang mit anderen schriftlich abzugebenden Erklärungen hervorzuheben, § 4 a I S. 4 BDSG.

Die Einwilligung stellt sich aus mehreren Gründen jedoch als wenig praktikabel dar. Zum einen geht sie mit einer jeweils weitgehenden Unterrichtungspflicht[178] einher. Zum anderen muss sie für jede einzelne Drittstaatenübermittlung eingeholt werden, um die obigen Forderungen zu erfüllen und damit zweifelsfrei wirksam zu sein. Sehr weit gefasste oder gar pauschale Einwilligungen sind schon aufgrund des Zweckbindungsgrundsatzes nicht zulässig.[179] Dieser ist in Art. 6 I lit. b bis e DSRL verankert und besagt im Kern, dass personenbezogene Daten für festge-

---

175 Das bedeutet nicht, dass die Aufklärungspflicht nur in Ausnahmefällen besteht, Simitis - *Simitis*, BDSG, § 4 a Rn. 75; *Petri*, RDV 2007, 153, 157. *Klug*, RDV 2001, 266, 272 schränkt sinnvoll ein, dass eine Information nur nötig ist, soweit die Verweigerung der Einwilligung Folgen nach sich zieht.

176 Dammann/Simitis - *Dammann*, DSRL, Art. 2 Rn. 24. Überhaupt gehen jegliche Unklarheiten über Bestehen oder Umfang der Einwilligung zulasten der verantwortlichen Stelle, *Gola/Schomerus*, BDSG, § 4 c Rn. 5; Däubler/Klebe/Wedde/Weichert - *Däubler*, BDSG, § 4 a Rn. 17; Simitis - *Simitis*, BDSG, § 4 a Rn. 85; *Klug*, RDV 2001, 266, 272.

177 Die Nutzung des Internet allein stellt keinen solchen besonderen Umstand dar, *Schaar*, MMR 2001, 644, 647. Der gesetzlichen Schriftform des § 126 BGB gebührt unbedingter Vorrang, *Roßnagel/Pfitzmann/Garstka*, Modernisierung, 94.

178 Die Art. 29 Gruppe hat Empfehlungen zu den Informationen gegeben, die dem Betroffenen bei der (online) Erhebung personenbezogener Daten im Gemeinschaftsgebiet zu erteilen sind. Auch daran kann sich der Inhalt einer Einwilligung orientieren, vgl. Art. 29 Gruppe, WP 43 (siehe Anlage 11), 4 ff. Rn. 4 ff.

179 *Klug*, RDV 2001, 266, 272.

legte eindeutige und rechtmäßige Zwecke erhoben und nicht in einer mit dieser Zweckbestimmung nicht zu vereinbarenden Weise weiterverarbeitet werden dürfen, Art. 6 I lit. b DSRL. Die Einwilligung muss daher bestimmt genug sein, um erkennen zu lassen, welche Daten von wem zu welchem Zweck verarbeitet oder genutzt werden sollen.[180] Somit ist sie nur für einen eng umrissenen Einzelfall gültig und jede Änderung der Übermittlungsumstände würde eine neue Einwilligung erfordern. Bei Pauschaleinwilligungen könnte zudem nicht zweifelsfrei davon ausgegangen werden, dass der Betroffene tatsächlich in Kenntnis der Sachlage in eine konkrete Übermittlung eingewilligt hat, wie Art. 2 lit. h DSRL verlangt.[181] In der Praxis würde es daher insbesondere bei großen zu transferierenden Datenmengen zu aufwändig sein, von jedem Betroffenen eine wirksame Einwilligung einzuholen. Schließlich wird auch zu Recht auf mögliche Probleme mit den IT-Systemen, z.B. bei Verweigerung oder Widerruf der Einwilligung, sowie auf die u.U. abschreckende Wirkung einer umfangreichen Belehrung, insbesondere über Risiken, beim Einwilligenden hingewiesen.[182] Als Rechtsgrundlage für die Drittstaatenübermittlung ist die Einwilligung daher nur dann geeignet, wenn der betroffene Personenkreis überschaubar ist und Konflikte mit den IT-Systemen nicht zu erwarten sind.[183]

- **Vertragserfüllung und vorvertragliche Maßnahmen, § 4 c I S. 1 Nr. 2 BDSG**

Ein weiterer Weg, personenbezogene Daten auch beim Fehlen eines angemessenen Datenschutzniveaus in einen Drittstaat zu übermitteln, bietet § 4 c I S. 1 Nr. 2 BDSG, der auf Art. 26 I lit. b DSRL beruht. Er wird relevant, wenn die Übermittlung zur Vertragserfüllung oder zur Durchführung vorvertraglicher Maßnahmen erforderlich ist. Voraussetzung ist also ein Vertragsverhältnis zwischen Betroffenem und verantwortlicher Stelle, das einen Auslandsbezug aufweist. Dieser muss zum

---

[180] Däubler/Klebe/Wedde/Weichert - *Däubler*, BDSG, § 4 a Rn. 18 f.; *Ehmann/Helfrich*, DSRL, Art. 2 Rn. 71.

[181] Dammann/Simitis - *Dammann*, DSRL, Art. 2 Rn. 22; *Ehmann/Helfrich*, DSRL, Art. 2 Rn. 71; Simitis - *Simitis*, BDSG, § 4 c Rn. 10; *Gola/Schomerus*, BDSG, § 4 c Rn. 5.

[182] *Backes/Eul/Guthmann/Martwich/Schmidt*, RDV 2004, 156, 159.

[183] So auch *Backes/Eul/Guthmann/Martwich/Schmidt*, RDV 2004, 156, 159.

normalen Erscheinungsbild des Vertrages gehören, also für den Betroffenen deutlich erkennbar und in Kauf genommen sein.[184] Als Beispiele seien Reisebuchungen, Käufe im Internet oder Herstellergarantien ausländischer Hersteller genannt. Wenn die Notwendigkeit einer Übermittlung in Drittstaaten auf der Hand liegt, legitimiert die Beteiligung des Betroffenen am Zustandekommen des Vertrages die Übermittlung, ohne dass seine Einwilligung erforderlich ist.[185] Dies reicht hingegen nicht aus, wenn die Übermittlung bereits im Rahmen einer vorvertraglichen Beziehung stattfinden soll. In diesem Fall kommt es für die Zulässigkeit gem. § 4 c I Nr. 2 BDSG darauf an, dass die vorvertragliche Maßnahme vom Betroffenen selbst veranlasst wurde.

- **Vertrag im Interesse des Betroffenen, § 4 c I S. 1 Nr. 3 BDSG**

Ferner enthält § 4 c I S. 1 Nr. 3 BDSG in Umsetzung von Art. 26 I lit. c DSRL eine Ausnahme vom Angemessenheitserfordernis für den Fall eines Vertrages zwischen Verantwortlichem und Dritten im Interesse des Betroffenen. Der Betroffene ist also nicht Vertragspartei, soll aber mittels eines Vertrages zugunsten Dritter i.S.d. § 328 BGB begünstigt werden.[186] Ist die Übermittlung in einen Drittstaat für den Abschluss oder die Erfüllung eines solchen Vertrages erforderlich, kann sie unabhängig vom Vorliegen eines angemessenen Datenschutzniveaus stattfinden. Als Anwendungsbeispiele werden notwendige Kontakte mit Drittstaaten im Rahmen von Warenbestellungen und Dienstleistungserbringungen[187] oder auch der Abschluss einer Gruppenversicherung zugunsten von Beschäftigten mit einer ausländischen Gesellschaft[188] genannt.

Über den Ausnahmekatalog des § 4 c I BDSG hinaus eröffnet das BDSG in § 4 c II S. 1 weitere, für die Praxis besonders relevante Legitimationsmöglichkeiten für eine Drittstaatenübermittlung trotz fehlender

---

[184] Däubler/Klebe/Wedde/Weichert - *Däubler*, BDSG, § 4 c Rn. 6; Simitis - *Simitis*, BDSG, § 4 c Rn. 13 f.

[185] *Draf*, Übermittlung, 113.

[186] Däubler/Klebe/Wedde/Weichert - *Däubler*, BDSG, § 4 c Rn. 7; *Gola/Schomerus*, BDSG, § 4 c Rn. 6; Simitis - *Simitis*, BDSG, § 4 c Rn. 17.

[187] Simitis - *Simitis*, BDSG, § 4 c Rn. 17.

[188] *Gola/Schomerus*, BDSG, § 4 c Rn. 6.

Angemessenheit des Datenschutzniveaus. Sie ist nach behördlicher Genehmigung auch dann zulässig, wenn **ausreichende Garantien** hinsichtlich des Schutzes des Persönlichkeitsrechts und der Ausübung der damit verbundenen Rechte vorliegen. In einem nicht abschließenden Halbsatz nennt § 4 c II S. 1 BDSG die beiden nunmehr zu untersuchenden Instrumente: Vertragsklauseln und verbindliche Unternehmensregelungen.

### b. Vertragslösung, insbesondere Standardvertragsklauseln, § 4 c II BDSG

Um eine Übermittlung personenbezogener Daten in Drittstaaten ohne angemessenes Schutzniveau zu ermöglichen, kann ein im datenschutzrechtlichen Binnenraum ansässiger Datenexporteur gegenüber Datenempfängern in Drittstaaten Vertragsklauseln verwenden, durch die die Rechtsposition der Betroffenen ausreichend geschützt wird. Die Vertragsklauseln sind ein Beispiel für Selbstregulierungsansätze im Datenschutzrecht.[189] Als Hilfe für Unternehmen, die von dieser Möglichkeit Gebrauch machen wollen,[190] hat die Kommission zwei Standardverträge[191] entwickelt. Sie bieten ausreichende Garantien i.S.d. Art. 26 II DSRL, sofern ihre Klauseln nicht geändert oder kombiniert werden.[192] Beide Standardverträge gelten nur für die Datenübermittlung

---

[189] *Talidou,* Regulierte Selbstregulierung, 151 ordnet sie der regulierten Selbstregulierung zu, weil ihre Verwendung freiwillig ist, die Formulierung sich aber an gesetzlichen Bestimmungen orientiert.

[190] *Räther/Seitz,* MMR 2002, 520, 522.

[191] Die Standardvertragsklauseln sind im Anhang an folgende Entscheidungen abgedruckt: Entscheidung der Kommission vom 15.06.2001 hinsichtlich Standardvertrags-klauseln für die Übermittlung personenbezogener Daten in Drittländer nach der Richtlinie 95/46/EG, ABl. EG L 181 vom 04.07.2001, 19 ff. (im Folgenden Standardvertrag I); Entscheidung der Kommission vom 27.12.2004 zur Änderung der Entscheidung 2001/497/EG bezüglich der Einführung alternativer Standardvertragsklauseln für die Übermittlung personenbezogener Daten in Drittländer, ABl. EU L 385 vom 29.12.2004, 74 ff. (im Folgenden Standardvertrag II).

[192] Aus Art. 1 der Entscheidung zu Standardvertrag II ergibt sich, dass entweder der eine oder der andere Standardvertrag in einer unveränderten Form verwendet werden kann, damit seine in Art. 1 der Entscheidung zu Standardvertrag I verankerte Wirkung als ausreichende Garantie i.S.d. Art. 26 II DSRL erhalten bleibt.

an Datenimporteure, die die volle Verfügungsgewalt über die Daten erhalten.[193] Es bleibt zu klären, welche Rechtsnatur die Standardvertragsklauseln haben.

- **Rechtsnatur**

Die Kommission hat die Standardverträge im Rahmen einer Entscheidung veröffentlicht. Wie bereits oben zum Thema der Kommissionsfeststellungen über die Angemessenheit des Datenschutzniveaus in einem Drittstaat erläutert,[194] handelt es sich bei Kommissionsentscheidungen dann um verbindlich gesetztes Gemeinschaftsrecht, wenn die Kommission damit ihre Durchführungsbefugnisse ausübt. Dies ist auch bei den Entscheidungen zu den Standardvertragsklauseln zu bejahen. Die Kommission wird von der DSRL zur Rechtsetzung in Bezug auf Standardvertragsklauseln ermächtigt. Sie erhält durch das Verfahren gem. Art. 26 IV i.V.m. Art. 31 II DSRL die Befugnis, den Ausnahmetatbestand der ausreichenden Garantien i.S.d. Art. 26 II DSRL durch bestimmte Standardvertragsklauseln auszugestalten und zu konkretisieren. Es handelt sich bei den Standardvertragsklauseln also um von der Kommission eigenständig gesetztes Recht auf der Grundlage gemeinschaftsrechtlicher Ermächtigung.

Die Kommissionsentscheidung richtet sich gem. Art. 7 der Entscheidung zu Standardvertrag I und Art. 3 der Entscheidung zu Standardvertrag II an die Mitgliedstaaten und ist daher für sie in allen ihren Teilen verbindlich.[195] Sie bindet die mitgliedstaatlichen Behörden, diese Vertragsklauseln als ausreichende Garantien i.S.d. Art. 26 II DSRL anzuerkennen. Eine Pflicht zur Anerkennung ergibt sich bereits aus der indikativen Wortwahl des Art. 26 IV DSRL: Die Mitgliedstaaten „treffen" die aufgrund der Feststellung der Kommission gebotenen Maßnahmen, erkennen also die in Art. 1 der Entscheidung zu Standardvertrag I festge-

---

[193] Sie sind nicht zu verwechseln mit speziellen Vertragsklauseln für Übermittlungen an Auftragsdatenverarbeiter in Drittstaaten, Entscheidung der Kommission vom 27.12.2001, ABl. EG L 6 vom 10.01.2002, 52 ff.

[194] Ausführlich dazu siehe B. II. 2. c.

[195] Dies folgt aus Art. 249 IV EGV. Ebenso *Weniger*, Datenübermittlung, 471; *Räther/ Seitz*, MMR 2002, 520, 521 f.; *Wuermeling*, Handelshemmnis, 138.

stellte Eigenschaft der Standardvertragsklauseln als ausreichende Garantien an.

- **Genehmigungspflicht**

Vor diesem Hintergrund wird verbreitet vertreten, dass bei Verwendung der unveränderten Standardvertragsklauseln eine behördliche Genehmigung nicht mehr nötig sei.[196] Der Wortlaut des § 4 c II S. 1 BDSG fordert eine Genehmigung allerdings für jede auf ausreichende Garantien gestützte Drittstaatenübermittlung. Liegen ausreichende Garantien vor, kann die Behörde eine Genehmigung erteilen. Die Verwendung des Wortes „kann" unterstreicht dabei, dass zwar keine Genehmigung erteilt, aber eine ermessensfehlerfreie Entscheidung getroffen werden muss. Doch ist fraglich, ob der inländischen Behörde überhaupt ein Ermessensspielraum verbleibt, falls der Datenexporteur zur Gewährleistung ausreichender Garantien Vertragsklauseln einsetzt, die einem der beiden von der Kommission erlassenen Standardverträge exakt entsprechen. Dies wird zutreffend verneint.[197] Wenn die inländische Behörde aufgrund gemeinschaftsrechtlicher Vorgaben verpflichtet ist, die Standardvertragsklauseln als ausreichende Garantien i.S.d. § 4 c II BDSG anzuerkennen, dann ist schon im Hinblick auf Art. 12 GG von einer Ermessensreduzierung auf Null auszugehen.[198] Denn würde sie eine Übermittlung trotz Vorliegens ausreichender Garantien untersagen, wäre darin ein unzulässiger Eingriff in das Recht des Datenexporteurs auf freie Berufsausübung zu sehen. Daraus folgt, dass die inländische Behörde eine Drittstaatenübermittlung nicht verweigern darf, wenn sie auf die wortgetreu übernommenen Standardvertragsklauseln gestützt wird. Da in diesem Fall also ohnehin eine Pflicht zur Erteilung einer Genehmigung

---

[196] Simitis - *Simitis*, BDSG, § 4 c Rn. 51; Däubler/Klebe/Wedde/Weichert - *Däubler*, BDSG, § 4 c Rn. 18; *Gola/Schomerus*, BDSG, § 4 c Rn. 14; *Rittweger/Weiße*, CR 2003, 142, 149; *Räther/Seitz*, MMR 2002, 520, 522; *Backes/Eul/Guthmann/Martwich/Schmidt*, RDV 2004, 156, 160; *Weniger*, Datenübermittlung, 493; *Tinnefeld*, Datenschutzrecht, 351; *Gola/Klug*, Datenschutzrecht, 71; Hinweise zum Datenschutz Nr. 40 (siehe Anlage 15), 16. Auf einer Genehmigung bestehen nur *Duhr/Naujok/Peter/Seiffert*, DuD 2002, 5, 18.

[197] *Tinnefeld*, Datenschutzrecht, 351; *Räther/Seitz*, MMR 2002, 520, 521.

[198] *Räther/Seitz*, MMR 2002, 520, 521; *Rittweger/Weiße*, CR 2003, 142, 145.

bestehen würde,[199] ist auch nichts gegen einen Wegfall der Genehmigungspflicht einzuwenden. Im Ergebnis ist der Wortlaut des § 4 c II BDSG dahingehend restriktiv auszulegen, dass eine behördliche Genehmigung nur dann einzuholen ist, wenn der Datenexporteur Vertragsklauseln verwendet, die von den Standardvertragsklauseln abweichen.

- **Vorlagepflicht**

Uneinigkeit besteht lediglich bei der Frage, ob trotz der fehlenden Genehmigungsbedürftigkeit eine Vorlagepflicht bei der Aufsichtsbehörde besteht. Eine Meinung hält eine Vorlage, ebenso wie die Genehmigung, bei wortgetreuer Übernahme der Standardvertragsklauseln für überflüssig.[200] In diesem Fall könnte eine Drittstaatenübermittlung aber vorbei an jeglicher staatlichen Aufsicht und allein auf Grundlage der Einschätzung des Datenexporteurs, dass seine Vertragsklauseln mit den Standardvertragsklauseln übereinstimmen, erfolgen. Ob dem tatsächlich so ist, könnte erst im Rahmen der aufsichtsbehördlichen Kontrollbefugnisse des § 38 BDSG festgestellt werden. Die wohl herrschende Meinung hält dies für ausreichend und spricht sich für eine verpflichtende Vorlage erst auf Verlangen der Behörde aus.[201] In diesem Fall bestünde aber die Gefahr, dass ein unredlicher Datenexporteur eine Übermittlung unter Verwendung unzureichender Vertragsklauseln vornimmt und damit vollendete Tatsachen schafft, deren Folgen für die Behörde und den Betroffenen im Nachhinein schwer zu beseitigen sind. Ob dem Betroffenen der Schutz zuteil wird, der ihm in Form ausreichender Garantien gem. Art. 26 II DSRL und § 4 c II BDSG zusteht, hinge also von der Rechtschaffenheit des Datenexporteurs ab. Eine solche Situation darf schon vor dem Hintergrund des zu schützenden Grundrechtes auf informationelle Selbstbestimmung nicht eintreten. Wenn der Schutz vom guten Willen des Empfängers im Drittstaat oder dem des Datenexporteurs abhängt,

---

[199] *Räther/Seitz*, MMR 2002, 520, 522.

[200] *Weniger*, Datenübermittlung, 493; *Tinnefeld*, Datenschutzrecht, 351; *Räther/Seitz*, MMR 2002, 520, 522.

[201] Simitis - *Simitis*, BDSG, § 4 c Rn. 51; *Gola/Schomerus*, BDSG, § 4 c Rn. 14; Däubler/Klebe/Wedde/Weichert - *Däubler*, BDSG, § 4 c Rn. 19; *Gola/Klug*, Datenschutzrecht, 71; Hinweise zum Datenschutz Nr. 40 (siehe Anlage 15), 16.

negiert dies sogar das Konzept einer „Garantie" i.S.d. Art. 26 II DSRL.[202] Aus diesem Grund scheint eine Vorlagepflicht für den verwendeten Vertrag geboten.[203] Sie führt auch nicht zu einer unzumutbaren Bürokratisierung, da es sich nicht um eine Genehmigungseinholung sondern um eine reine Information handelt. Es liegt dann im Verantwortungsbereich der Behörde, den vorgelegten Vertrag auf Übereinstimmung mit den Standardvertragsklauseln zu überprüfen und ggf. tätig zu werden.

- **Inhaltsübersicht**

Den Kern der Klauseln beider Standardverträge bilden jeweils umfangreiche Verpflichtungen und Zusicherungen des Datenexporteurs und des Datenimporteurs.[204] Entsteht einem Betroffenen durch die Verletzung dieser Pflichten ein Schaden, begründet dies eine gesamtschuldnerische Haftung von Datenexporteur und -importeur (Standardvertrag I) bzw. eine Haftung auf der Grundlage von Sorgfaltspflichten und/oder Auswahlverschulden[205] (Standardvertrag II). Den Schadensersatzanspruch kann der Betroffene über eine Drittbegünstigtenklausel geltend machen. Es handelt sich also um einen Vertrag zugunsten Dritter i.S.d. § 328 BGB, aus dem der Betroffene Rechte herleiten kann, obwohl er keine Vertragspartei ist. Zur Durchsetzung dieser Rechte ist ein Schlichtungsverfahren oder ein Verfahren vor ordentlichen Gerichten im Sitz-

---

[202] Vgl. Dammann/Simitis - *Dammann*, DSRL, Art. 26 Rn. 16.

[203] Die Behörde kann rechtmäßig verlangen, dass Übermittlungen zu Überprüfungszwecken gemeldet werden, Erster Bericht der Kommission über die Durchführung der DSRL (EG 95/46) vom 15.05.2003, KOM(2003) 265 endgültig, 20. Vgl. auch *Backes/Eul/Guthmann/Martwich/Schmidt*, RDV 2004, 156, 160, die zwar keine Vorlagepflicht fordern, aber eine Information der Aufsichtsbehörde für ratsam halten.

[204] Hier ist nur eine überblicksartige Darstellung der wesentlichen Inhalte möglich. Eine detaillierte Analyse findet sich bei *Weniger*, Datenübermittlung, 475 ff. und *Räther/Seitz*, MMR 2002, 520, 523 zu Standardvertrag I sowie bei *Kuner/Hladjk*, RDV 2005, 193 ff. zu Standardvertrag II.

[205] Entscheidung der Kommission vom 27.12.2004, ABl. EU L 385 vom 29.12.2004, 74, 79 und Eg. 5. Nach Klausel III. a) S. 3 haftet jede Vertragspartei dem Betroffenen für den Schaden, den sie durch Verletzung ihrer Pflichten verursacht. Der Datenexporteur haftet gem. Klausel III. b) S. 3, wenn er sich nicht zumutbar davon überzeugt hat, dass der Datenimporteur in der Lage ist, seine vertraglichen Pflichten zu erfüllen.

land des Datenexporteuers möglich. Darüber hinaus erklären beide Standardverträge die Datenschutzgrundsätze, die zur Angemessenheitsbeurteilung heranzuziehen sind,[206] für verbindlich. Sie sichern den Regelungskern der DSRL und sind daher ebenfalls als integraler Bestandteil einer ausreichenden Garantie anzusehen.

- **Vorteile und Stärken**

Der Hauptvorteil einer Vertragslösung besteht darin, dass sie mit großer Flexibilität und begrenztem Aufwand die datenschutzrechtlichen Aspekte des Einzelfalls regeln kann.[207] Insbesondere die auf Kommissionsentscheidungen basierenden und daher mit großer Rechtssicherheit verbundenen Standardvertragsklauseln bieten für den Datenexporteur eine gute Möglichkeit, eine Drittstaatenübermittlung vorzunehmen. Diese Methode lässt sich sehr schnell implementieren und hebt sich insofern positiv von verbindlichen Unternehmensregelungen ab, deren Etablierung viel Zeit in Anspruch nehmen kann.[208]

Die Verwendung der Standardvertragsklauseln ist jedoch nicht zwingend. Auch individuelle Vertragsklauseln auf einem äquivalenten Datenschutzniveau sind denkbar,[209] ziehen aber ein behördliches Genehmigungsverfahren nach sich. Genehmigungsgegenstand ist nach dem Wortlaut von § 4 c II S. 1 BDSG die einzelne Übermittlung oder Art der Übermittlung, nicht das Vertragswerk selbst.[210] Es müsste also jede darauf basierende Übermittlung erneut genehmigt werden, auch bei einer bereits bestehenden Vertragsbeziehung auf deren Grundlage vorherige Übermittlungen genehmigt wurden. Denn was für die eine Übermittlung eine ausreichende Garantie war, muss es nicht für eine andere konkrete Übermittlung sein. Aufgrund des großen damit verbundenen Aufwandes sowie aus Gründen der Rechtssicherheit und Kostenopti-

---

[206] Art. 29 Gruppe, WP 12 (siehe Anlage 9), 6 f. Siehe dazu oben B. II. 2. b.

[207] *Büllesbach/Höss-Löw*, DuD 2001, 135, 137; *Ellger*, RabelsZ 1996, 738, 761.

[208] *Backes/Eul/Guthmann/Martwich/Schmidt*, RDV 2004, 156, 160.

[209] Däubler/Klebe/Wedde/Weichert - *Däubler*, BDSG, § 4 c Rn. 19; *Räther/Seitz*, MMR 2002, 520, 522; *Scheja*, Datenschutzrecht, 49. Die Eg. 10 ff. der Entscheidung zu Standardvertrag I bekräftigen dies und nennen konkrete Anforderungen, die eine vertragliche Lösung erfüllen muss.

[210] So zutreffend *Gola/Klug*, Datenschutzrecht, 71.

mierung ist die Verwendung der Standardvertragsklauseln zumeist die praktikablere Alternative. In der Regel steht Datenexporteuren also wahlweise einer der beiden Standardverträge zur Verfügung. Sie sind zwar inhaltlich verschieden ausgestaltet, gewährleisten aber im Ergebnis durch jeweils hohe Anforderungen an die Vertragsparteien einen vergleichbaren Schutz für die Betroffenen.[211]

- **Kritik und Schwächen**

Allerdings wird die Vertragslösung auch vielfach kritisiert. Das Argument, wonach dem Datenexporteur ein eigenes Interesse an der Durchsetzung der vertraglichen Datenschutzpflichten fehle, ist insofern unzutreffend, als er sich im Rahmen der Standardvertragsklauseln bei einer Pflichtverletzung erheblichen Haftungsfolgen gegenübersieht. Auch der Gefahr einer vertraglichen Änderung oder Aufhebung der Datenschutzklauseln tragen die Standardverträge durch entsprechende Beschränkungen Rechnung.[212] Ebenso wenig bestehen völkerrechtliche Bedenken gegen datenschutzrechtliche Vertragslösungen. Mit ihnen kann zwar der Anwendungsbereich des nationalen Datenschutzrechts faktisch im Wege einer privatrechtlichen Vereinbarung ausgeweitet werden.[213] Es wird jedoch zutreffend argumentiert, dass zum einen nur die Vertragsparteien und nicht der ausländische Staat insgesamt gebunden sind und zum anderen bei der Datenübermittlung eine hinreichend enge Beziehung des Sachverhalts zur Rechtsordnung des gesetzgebenden Staates gegeben ist. Daher ist auch keine Verletzung der völkerrechtlichen Prinzipien von Nichteinmischung und Missbrauchsverbot ersichtlich.[214]

Man könnte schließlich auf die Idee kommen, dass diejenigen Drittstaaten, die in der Tradition des englischen Common Law stehen, einen datenschutzrechtlichen Vertrag zugunsten Dritter wegen der

---

[211] *Kuner/Hladjk*, RDV 2005, 193, 194, wobei Standardvertrag II nach Auffassung der Autoren einen flexibleren, pragmatischeren Weg für Unternehmen darstellen soll.

[212] Diese Bedenken wurden berechtigterweise vor Erlass der Standardvertragsklauseln geäußert, *Ellger/Geis* mit einem Tagungsbericht über einen Vortrag von Ellger, CR 1996, 574, 576; *Ellger*, RabelsZ 1996, 738, 761 f. und 766; vgl. auch Dammann/Simitis - *Dammann*, DSRL, Art. 26 Rn. 16.

[213] *Wuermeling*, Handelshemmnis, 158.

[214] *Ellger*, RabelsZ 1996, 738, 747 ff.

Doctrine of Privity of Contract nicht anerkennen würden.[215] Die Doktrin der unmittelbaren Vertragsbeziehung führt dazu, dass ein Dritter, der nicht Partei des Vertrages ist, aus diesem weder berechtigt noch verpflichtet werden kann.[216] Der Standardvertrag regelt einen Sachverhalt mit Auslandsbezug und legt daher als Anknüpfungsmoment für das anwendbare Recht den Sitz des Datenexporteurs fest.[217] Wird der Vertrag also von einem im Inland ansässigen Datenexporteur verwendet, handelt es sich bei der Vereinbarung deutschen Rechts um eine Rechtswahl im Rahmen des Vertragsstatuts gem. Art. 27 EGBGB. Die meisten Rechtsordnungen im datenschutzrechtlichen Binnenraum erkennen einen Vertrag zugunsten Dritter ohnehin an, da sie zivilrechtlich geprägt sind. Aber selbst in den Mitgliedstaaten, wo an der Anerkennungsfähigkeit eines Vertrages zugunsten Dritter gezweifelt werden könnte (so z.B. in Irland), muss die Drittbegünstigtenregelung der Standardvertragsklauseln anerkannt und durchgesetzt werden. Es handelt sich nämlich, wie oben gezeigt, bei der Entscheidung der Kommission um eigenständiges und somit höherrangiges Gemeinschaftsrecht, das Anwendungsvorrang vor entgegenstehendem nationalem Recht genießt. Die Regelungen der Standardvertragsklauseln verdrängen so in jedem Fall nationales Recht, z.B. die Doctrine of Privity of Contract, das dem Gemeinschaftsrecht widerspricht. Im englischen Recht stellt sich dieses Problem im Übrigen seit Erlass des Contracts (Rights of Third Parties) Act 1999 nicht mehr, durch den Verträge zugunsten Dritter anerkannt werden.[218] Bei einer individuellen Vertragslösung sollten die Parteien aber darauf achten, dass sie im Rahmen ihrer internationalprivatrechtlichen Parteiautonomie eine dem Standardvertrag entsprechende Rechtswahl treffen.

---

[215] *Ellger*, RabelsZ 1996, 738, 763 ff.; *Ellger/Geis* mit einem Tagungsbericht über einen Vortrag von Ellger, CR 1996, 574, 576; Dammann/Simitis - *Dammann*, DSRL, Art. 26 Rn. 18; *Ehmann/Helfrich*, DSRL, Art. 26 Rn. 26.

[216] *Jewell*, English Contract Law, 96 Rn. 139; *Sims*, English Law and Terminology, 102 f.; *Wörlen*, English Civil Law, 211.

[217] Klausel 10 des Standardvertrages I bzw. Klausel IV des Standardvertrages II.

[218] Die Regelungen des Contracts (Rights of Third Parties) Act 1999 finden auf Verträge Anwendung, die nach dem 11.05.2000 eingegangen wurden, den Dritten begünstigen und ihm direkte Durchsetzungsrechte einräumen, *Jewell*, English Contract Law, 96 Rn. 140.

Anderenfalls wäre auch nicht mit einer Genehmigung der Aufsichtsbehörde zu rechnen.

Dennoch wird mit guten Gründen daran gezweifelt, dass die Rechte des Betroffenen durch Vertragslösungen effektiv geschützt werden.[219] Beispielsweise könnten sich ausländische öffentliche Stellen ohne Rücksicht auf datenschutzrechtliche Bindungen Zugang zu den Daten verschaffen, da die Rechtsvorschriften des Drittstaates meist Vorrang vor privatautonomen Vereinbarungen haben.[220] Dem kann auch die in den Standardverträgen verankerte Beschränkung der Weiterübermittlung keinen Einhalt gebieten. Zudem wird die fehlende Datenschutzkontrolle im Empfängerland bemängelt.[221] In der Tat kann in Ländern, die über keine oder unzureichende Datenschutzgesetze verfügen, nicht von einer effektiven behördliche Kontrolle ausgegangen werden. Durch einen Vertrag kann ebenfalls nicht sichergestellt werden, dass die Einhaltung der vereinbarten Datenschutzregeln wirksam überwacht und durchgesetzt wird. Ein Kontrolldefizit wird zu Recht insbesondere dann befürchtet, wenn der Datenexporteur im Mitgliedstaat eine Tochtergesellschaft des Datenimporteurs im Drittstaat ist.[222] Die Garantiefunktion der Vertragsklauseln ist daher nur so gut, wie die Vertragsparteien Bestimmungen einhalten, etwaige Kontrollen dulden und Mechanismen der Streitbeilegung akzeptieren.[223] So bleibt fraglich, ob die Vertragslösung die Rechte des Betroffenen im Einzelfall wahren und der Betroffene in der Praxis seine Ansprüche mit angemessenem Aufwand durchsetzen kann.

---

[219] *Ellger/Geis* mit einem Tagungsbericht über einen Vortrag von Ellger, CR 1996, 574, 576; *Ellger*, RabelsZ 1996, 738, 761 ff.; Dammann/Simitis - *Dammann*, DSRL, Art. 26 Rn. 16 ff.

[220] *Ellger/Geis* mit einem Tagungsbericht über einen Vortrag von Ellger, CR 1996, 574, 576; *Ellger*, RabelsZ 1996, 738, 762 f.; *Draf*, Übermittlung, 144; Dammann/Simitis - *Dammann*, DSRL, Art. 26 Rn. 16; Art. 29 Gruppe, WP 12 (Anlage 9), 22 f.

[221] *Ellger/Geis* mit einem Tagungsbericht über einen Vortrag von Ellger, CR 1996, 574, 576; *Ellger*, RabelsZ 1996, 738, 762.

[222] *Wuermeling*, Handelshemmnis, 159.

[223] Zu dieser zutreffenden Einschätzung gelangt *Weniger*, Datenübermittlung, 495.

- **Bewertung**

Im Ergebnis wird zutreffend festgestellt, dass die Vertragslösung kein „Allheilmittel"[224] ist und auch kein Ersatz für gesetzlich normierten Datenschutz sein kann.[225] Trotz der aufgezeigten Schwächen eignet sich der vertragliche Ansatz aber zumindest solange, wie die Zahl der involvierten Unternehmen überschaubar bleibt.[226] Insbesondere die Standardvertragsklauseln sind ein planbares und dennoch schnell und flexibel einsetzbares Mittel, um eine Drittstaatenübermittlung durchzuführen. Sie tragen so in begrüßenswerter Weise dazu bei, einen Ausgleich zwischen dem Schutzbedürfnis der Betroffenen und dem gesamtwirtschaftlich nötigen Datenaustausch mit Drittstaaten zu schaffen.

### c. Verbindliche Unternehmensregelungen, § 4 c II BDSG

Wenngleich die bisher vorgestellten Ausnahmen viele Fallkonstellationen des Datenaustausches mit Drittstaaten abdecken, bietet keine von ihnen eine befriedigende Lösung für die rechtliche Absicherung der Datenflüsse innerhalb internationaler Konzerne. Die grenzüberschreitende Organisation und Nutzung von Ressourcen macht einen ungehinderten Datenaustausch erforderlich, gleichzeitig liegen nicht immer Einwilligungen oder andere Erlaubnistatbestände vor.[227] Auch der Einsatz von Vertragsklauseln ist nicht immer geeignet, insbesondere bei einer großen Zahl involvierter Unternehmen und beim Zukauf neuer Unternehmen.[228] Das Ergebnis wäre ein komplexes Geflecht von Einzelfallregelungen, das wegen des ständigen Bedarfs an Vertragsüberprüfungen

---

[224] *Räther/Seitz,* MMR 2002, 520, 525. Die Autoren halten die Standardvertragsklauseln trotzdem für das Mittel, das beim unternehmerischen Datentransfer in Drittstaaten die wichtigste Rolle spielen könnte.

[225] *Ellger,* RabelsZ 1996, 738, 761; *Ellger/Geis* mit einem Tagungsbericht über einen Vortrag von Ellger, CR 1996, 574, 576. Dies ist jedoch nicht als Nachteil der Vertragslösung einzuordnen, die auch nicht als Ersatz gedacht ist. Das macht der Autor zuvor selbst deutlich, als er feststellt, dass die Vertragslösung im Verhältnis zu anderen Zulässigkeitstatbeständen für eine Drittstaatenübermittlung eine subsidiäre Stellung einnimmt.

[226] *Backes/Eul/Guthmann/Martwich/Schmidt,* RDV 2004, 156, 160.

[227] *Jacob* in: Büllesbach (Hrsg.), Datenverkehr, 25, 27.

[228] Vgl. *Backes/Eul/Guthmann/Martwich/Schmidt,* RDV 2004, 156, 160.

und -aktualisierungen ein umfangreiches Vertragsmanagement erfordern würde.[229] Zum Einsatz kommen verbindliche Unternehmensregelungen daher hauptsächlich in internationalen Konzernen mit einer Präsenz in Drittstaaten ohne angemessenes Schutzniveau.[230]

- **Richtlinienkonformität**

Im Gegensatz zu § 4 c II S. 1 HS 2 BDSG sind verbindliche Unternehmensregelungen in Art. 26 II DSRL nicht ausdrücklich als eine Form der ausreichenden Garantien erwähnt. Man könnte daher auf die Idee kommen, dass die Einfügung in der deutschen Umsetzungsnorm eine unzulässige Überschreitung des Umsetzungsspielraums darstellt. Spätestens seit die Art. 29 Gruppe die Anwendbarkeit von Art. 26 II DSRL auf verbindliche unternehmensinterne Vorschriften für den internationalen Datentransfer anerkannt hat ist aber klar, dass Verhaltenskodizes durch die DSRL nicht ausgeschlossen sein sollen.[231] Nicht zu verwechseln sind sie mit den in Art. 27 DSRL verankerten und in § 38 a BDSG umgesetzten Verhaltensregeln, die auf eine Regelung im Bereich des nationalen Datenschutzes abzielen. Verbindliche Unternehmensregelungen i.S.d. § 4 c II BDSG sind jedoch als eine Unterform der Verhaltensregeln für den Bereich des internationalen Datenschutzes anzusehen.[232] Daher kann als Begründung auch angeführt werden, dass Eg. 61 und die indikative Formulierung des Art. 27 DSRL „Die Mitgliedstaaten und die Kommission fördern [...]" eine Pflicht zur Förderung der Ausarbeitung von Verhaltenskodizes vorsehen. Die Einfügung verbindlicher Unternehmensregelungen in § 4 c II BDSG ist also zulässig, da dies dem Willen des Richtliniengebers entspricht und auch nicht ersichtlich ist, dass dadurch die Ziele der DSRL gefährdet werden.

---

[229] *Backes/Eul/Guthmann/Martwich/Schmidt,* RDV 2004, 156, 160; *Büllesbach/Höss-Löw,* DuD 2001, 135, 137.

[230] *Tinnefeld,* Datenschutzrecht, 351; *Räther/Seitz,* MMR 2002, 520, 526; Simitis - *Simitis,* BDSG, § 4 c Rn. 59.

[231] Art. 29 Gruppe, WP 74 (siehe Anlage 12). So auch *Backes/Eul/Guthmann/Martwich/Schmidt,* RDV 2004, 156, 160 f.

[232] *Weniger,* Datenübermittlung, 499.

- **Ziele und inhaltliche Anforderungen**

Dieses Datenschutzinstrument ist im deutschen Datenschutzrecht für den nicht-öffentlichen Bereich eine Neuheit.[233] Es ist mit keinem Regelungsansatz des deutschen Rechts vergleichbar und sollte daher als Regelung sui generis eingeordnet werden.[234] Mit ihm wird die Tendenz internationaler Unternehmensverbünde genutzt, Unternehmensteile durch Corporate Policies („Konzernrichtlinien") zu steuern, deren Einhaltung durch interne Kontrollmechanismen sichergestellt wird.[235] So erhalten Unternehmen und Verbände auch im Hinblick auf den Datenschutz die Möglichkeit, das Verhalten ihrer Mitglieder mittels eigens ausgearbeiteter Vorschriften zu regeln.[236] Die von Unternehmensverbänden bereitgestellten Muster werden allerdings erst dann zu einer nach § 4 c II BDSG relevanten Regelung, wenn sie von einem konkreten Unternehmen übernommen werden.[237] Es handelt sich also, wie bei den Vertragsklauseln, um ein selbstregulatorisches Element.[238]

Unternehmensregelungen sollen einerseits dazu beitragen, den EU-üblichen Datenschutzstandard beim Datenempfänger im Wesentlichen zu erhalten, andererseits die Erfordernisse des globalen Wirtschaftsverkehrs nicht unangemessen durch Restriktionen zu beeinträchtigen.[239] Im Vordergrund der Abwägung zwischen wirtschaftlichen Interessen und Datenschutz muss aber der Schutz der Rechte des Betroffe-

---

233 *Räther/Seitz*, MMR 2002, 520, 526; Dammann/Simitis - *Dammann*, DSRL, Art. 27 Rn. 1.

234 So die zutreffende Auffassung von *Büllesbach/Höss-Löw*, DuD 2001, 135, 137.

235 *Backes/Eul/Guthmann/Martwich/Schmidt*, RDV 2004, 156, 160.

236 Dammann/Simitis - *Dammann*, DSRL, Art. 27 Rn. 1. Beispielhaft für Datenschutzgrundsätze sowohl auf Unternehmens- als auch auf Verbandsebene seien der DaimlerChrysler Code of Conduct und das Muster einer Unternehmensrichtlinie für die Datenweitergabe innerhalb international tätiger Versicherungsunternehmen des Gesamtverbandes der Deutschen Versicherungswirtschaft (GDV) genannt, Dokumente zu Datenschutz und Informationsfreiheit 2002 (siehe Anlage 13), 38 ff.; Zur Etablierung konzernweiter Datenschutzgrundsätze bei der Deutschen Lufthansa *Kley*, DuD 2003, 397 ff.

237 Simitis - *Simitis*, BDSG, § 4 c Rn. 59.

238 *Sanhüter*, Datenschutzpolitik, 217; *Gola/Klug*, Datenschutzrecht, 34.

239 *Petri* in: Bäumler/Mutius (Hrsg.), Wettbewerbsvorteil, 142, 145 f.; *Talidou*, Regulierte Selbstregulierung, 139.

nen stehen. Die verbindlichen Unternehmensregelungen, in der Literatur häufig als Codes of Conduct bezeichnet, dienen nämlich dazu, die Privatsphäre der Betroffenen sowie die zu ihrem Schutz bestehenden gesetzlichen Rechte auch im Falle der Datenübermittlung in Drittstaaten ohne angemessenes Schutzniveau zu wahren.[240] Angesichts der Tatsache, dass ihre konkrete Ausgestaltung letztlich von der spezifischen Situation der jeweiligen Unternehmen und ihrem Verhältnis zueinander abhängt, wird zwar zu Recht davor gewarnt, einheitliche Anforderungen an sämtliche Unternehmensregelungen vorzusehen.[241] Verbindliche Unternehmensregelungen müssen jedoch, ebenso wie Vertragsklauseln, ausreichende Garantien für Persönlichkeitsschutz und Rechtsausübung der Betroffenen bieten. Folglich sind die für vertragliche Vereinbarungen geltenden Anforderungen grundsätzlich auch an Unternehmensregelungen zu stellen.[242]

Neben den generellen Angemessenheitsvoraussetzungen sind daher die von der Art. 29 Gruppe erarbeiteten materiellen und verfahrensrechtlichen Datenschutzgrundsätze als Mindestbestandteile und unerlässliche Elemente eines Code of Conduct anzusehen.[243] Sie sind, wie bei der Angemessenheit und den Vertragsklauseln gezeigt, ein anerkannter Ausdruck des bei Drittstaatenübermittlungen einzuhaltenden Regelungskerns der DSRL und werden bei der Prüfung ihrer Zulässigkeit als Maßstab herangezogen. Für verbindliche Unternehmensregelungen kann nichts anderes gelten. Schließlich muss auch innerhalb der ausreichenden Garantien i.S.d. § 4 c II BDSG eine Konsistenz gewahrt werden. Wenn Vertragsklauseln, die diese Grundsätze nicht enthalten, als ausreichende Garantien nicht geeignet sind,[244] dann können auch verbindliche Unternehmensregelungen nur bei Verankerung der Grundsätze als ausreichende Garantien geeignet sein. Diese und andere Anforderungen

---

[240] *Büllesbach/Höss-Löw*, DuD 2001, 135, 136; *Talidou*, Regulierte Selbstregulierung, 139.

[241] Simitis - *Simitis*, BDSG, § 4 c Rn. 60.

[242] Simitis - *Simitis*, BDSG, § 4 c Rn. 63.

[243] Art. 29 Gruppe, WP 12 (siehe Anlage 9), 6 f. So auch Simitis - *Simitis*, BDSG, § 4 c Rn. 64; *Weniger*, Datenübermittlung, 503 f.; Art. 29 Gruppe, WP 74 (siehe Anlage 12), 14. Folgerichtig erarbeitet *Gackenholz*, DuD 2000, 727, 731 f. daran angelehnte Rahmenvorschläge für Codes of Conduct, an denen sich Unternehmen bei der Erstellung eigener Kodizes orientieren können.

[244] Siehe dazu oben B. II. 3. b.

hinsichtlich Inhalt, Sicherung der Einhaltung und Durchsetzbarkeit hat die Art. 29 Gruppe in einem speziellen Anforderungskatalog für verbindliche Unternehmensregelungen konkretisiert[245] und in einer Checkliste als Hilfestellung für Unternehmen zusammengefasst.[246]

- **Verbindlichkeit**

Zu Recht wird bemerkt, dass angesichts der ungeklärten Rechtsnatur der Aspekt der Verbindlichkeit von herausragender Bedeutung ist.[247] Verhaltensregeln sind nämlich grundsätzlich „soft-law"-Vorschriften, denen keine Rechtsverbindlichkeit wie etwa materiellen Rechtsnormen zukommt.[248] Unternehmensregelungen müssen daher auch tatsächlich intern und extern verbindlich sein, um als Garantie für den Datentransfer in Drittstaaten fungieren zu können.[249] Ihre Verbindlichkeit setzt also eine rechtliche, externe Durchsetzbarkeit sowie die praktische, interne Einhaltung der Vorschriften voraus.[250] Um dies sicherzustellen, gehören in einen Code of Conduct neben Bestimmungen, die ein hohes Maß an Erfüllung garantieren, auch Verpflichtungen zu interner und externer Auditierung, zu einem System für die Handhabung von Beschwerden, zur Zusammenarbeit mit Datenschutzbehörden sowie zu Haftung, Gerichtsbarkeit und Transparenz.[251] Aber selbst wenn Unternehmensregelungen diese Anforderungen erfüllen, bleibt eine die Verbindlichkeit herstellende Umsetzung in der Praxis problematisch. Grundsätzlich kann die Verbindlichkeit sowohl durch vertragliche als auch durch einseitige Lösungen verwirklicht werden.[252] In der Tat sind viele Gestaltungsformen einseitiger und zweiseitiger Natur denkbar.[253]

---

[245] Art. 29 Gruppe, WP 74 (siehe Anlage 12), 14 ff.

[246] Art. 29 Gruppe, WP 108 (siehe Anlage 14), 3 ff.

[247] *Räther/Seitz*, MMR 2002, 520, 526 f.; *Weniger*, Datenübermittlung, 500.

[248] *Weniger*, Datenübermittlung, 498; Dammann/Simitis - *Dammann*, DSRL, Art. 27 Rn. 1; *Ehmann/Helfrich*, DSRL, Art. 27 Rn. 9; *Talidou*, Regulierte Selbstregulierung, 140.

[249] *Backes/Eul/Guthmann/Martwich/Schmidt*, RDV 2004, 156, 161.

[250] Art. 29 Gruppe, WP 74 (siehe Anlage 12), 10 ff.

[251] Art. 29 Gruppe, WP 74 (siehe Anlage 12), 16 ff.

[252] Art. 29 Gruppe, WP 74 (siehe Anlage 12), 4 f.

[253] Einen umfassenden Überblick über mögliche Umsetzungsformen verbindlicher Unternehmensregelungen im deutschen Recht mit den jeweiligen Vor- und Nachteilen gibt *Schröder*, DuD 2004, 462 ff.

- **Umsetzungsmöglichkeiten**

Die Umsetzung verbindlicher Unternehmensregelungen durch einseitige Lösungen wird jedoch zu Recht kritisiert.[254] Allerdings kann das Argument, wonach Konzernteile aus Sicht des BDSG als Dritte i.S.d. § 3 VIII S. 2 BDSG betrachtet, also voneinander getrennt werden,[255] nicht dazu herangezogen werden, die Notwendigkeit der vertraglichen Umsetzung von Unternehmensregelungen zu begründen. Das Verhältnis als datenschutzrechtliche Dritte zieht lediglich nach sich, dass zwischen Konzernteilen Übermittlungen stattfinden,[256] steht aber nicht per se der Wirksamkeit einseitiger Versprechen entgegen. Vielmehr wird zutreffend angeführt, dass einseitige Verbindlichkeitsversprechen in der Regel nur von dem Unternehmensteil oder der Unternehmensspitze gegeben werden, die die Genehmigung beantragen.[257] Diese seien aber vielfach nicht ermächtigt, andere Unternehmensteile und insbesondere den drittstaatlichen Datenempfänger rechtlich gegenüber Dritten zu binden. Weder die europäischen Aufsichtsbehörden noch die Betroffenen könnten also aus einer solchen Weisung durchsetzbare Rechte herleiten. Zumindest gegenüber den datenempfangenden außereuropäischen Unternehmensteilen sei zweifelhaft, ob die Aufsichtsbehörde von ihren Überwachungs- und Sanktionsmöglichkeiten Gebrauch machen und der Betroffene seine Rechte gerichtlich durchsetzen könnte. Auch ein Konzerndatenschutzbeauftragter sei ohne vertragliche Grundlage letztlich auf die freiwillige Befolgung seiner Anordnungen angewiesen.

Allen diesen Erwägungen ist zuzustimmen. Es ist in der Tat unwahrscheinlich, dass einseitige Verbindlichkeitsversprechen den Schutz der Betroffenen in gleichem Maße gewährleisten können wie die vertragliche Umsetzung einer Unternehmensregelung. Zweiseitig bindende, vertragliche Vereinbarungen geben sowohl der Aufsichtsbehörde als auch dem Betroffenen eine deutlich stärkere Rechtsposition, die eine Wahrnehmung von Einflussmöglichkeiten und Rechten erleichtert. Zum einen könne die Aufsichtsbehörde aus dem Vertrag heraus nicht nur

---

[254] *Schröder*, DuD 2004, 462, 467; vgl. Simitis - *Simitis*, BDSG, § 4 c Rn. 61 und 65.

[255] Nur so kann der Einwand von Simitis - *Simitis*, BDSG, § 4 c Rn. 61 verstanden werden.

[256] Zum fehlenden Konzernprivileg und seinen Folgen siehe oben B. II. 2. a.

[257] *Schröder*, DuD 2004, 462, 467.

gegen das innergemeinschaftliche, sondern auch gegen das drittstaatliche Unternehmen vorgehen, zum anderen sei dem Betroffenen eine leichtere und effektivere Durchsetzung seiner Rechte möglich.[258]

Aus Sicht des Unternehmens mag eine vertragliche Ausgestaltung der Unternehmensregelungen nicht erstrebenswert sein, sollen doch gerade die Nachteile einer auf Vertragsklauseln basierenden Drittstaatenübermittlung vermieden werden.[259] Sie scheint aber, zumindest nach bisheriger Rechtslage und bis zur weiteren Konkretisierung durch die Kommission, gegenüber einseitigen Lösungen vorzugswürdig, weil nur sie geeignet ist, eine tatsächliche Verbindlichkeit von Unternehmensregelungen herzustellen.[260] Wie sich die Verbindlichkeit im Einzelfall erreichen lässt, wird letztlich von den jeweiligen unternehmensspezifischen Faktoren wie der rechtlichen Struktur oder der Anzahl der beteiligten Unternehmensteile abhängen. Unternehmensregelungen müssen jedenfalls, wie zu Recht gefordert wird, eine zumindest vergleichbare rechtliche Qualität wie Vertragsklauseln erlangen.[261] Ob dies der Fall ist, könne nur durch einen Vergleich entschieden werden zwischen der Rechtslage, die entsteht, wenn Unternehmen die von der Kommission freigegebenen Standardvertragsklauseln verwenden und der, die entsteht, wenn sie sich einem Code of Conduct unterwerfen.[262] Dieser Vergleich erfolgt im Rahmen der aufsichtsbehördlichen Prüfung auf das Vorliegen ausreichender Garantien, bei der dann die Standardvertragsklauseln als Maßstab heranzuziehen sind. Denn gem. § 4 c II BDSG bedarf es einer behördlichen Genehmigung, wenn eine Drittstaatenübermittlung personenbezogener Daten auf Grundlage von ausreichenden Garantien erfolgen soll. Dabei ist unter den Aufsichtsbehörden umstritten, ob Datenübermittlungen, die auf verbindlichen Unternehmensrege-

[258] Vgl. *Schröder*, DuD 2004, 462, 467.

[259] Ausführlich zu Kritikpunkten und Schwächen der Vertragslösung, die bei vertraglicher Umsetzung auch für verbindliche Unternehmensregelungen gelten, siehe oben B. II. 3. b.

[260] So im Ergebnis auch *Schröder*, DuD 2004, 462, 467; Simitis - *Simitis*, BDSG, § 4 c Rn. 61 und 65.

[261] *Moritz/Tinnefeld*, JurPC Web-Dok 181/2003 (siehe Anlage 10), Abs. 12.

[262] *Moritz/Tinnefeld*, JurPC Web-Dok 181/2003 (siehe Anlage 10), Abs. 35.

lungen basieren, noch der Genehmigung bedürfen.[263] Fraglich ist also, was der Gegenstand einer aufsichtsbehördlichen Genehmigung ist.

- **Genehmigungsgegenstand**

Eine Meinung argumentiert, dass nur einzelne Übermittlungen den Gegenstand einer Genehmigung bilden können.[264] Dabei wird zu Recht auf den Wortlaut des § 4 c II S. 1 BDSG, der Art. 26 II DSRL exakt umsetzt, verwiesen.[265] Danach können einzelne Übermittlungen oder Arten von Übermittlungen beim Vorliegen ausreichender Garantien genehmigt werden. Die Genehmigung bezieht sich also auf die jeweilige Übermittlung oder Art der Übermittlung personenbezogener Daten. Das Mittel, welches die ausreichende Garantie für die Übermittlung bietet, stellt nur die Grundlage für die Genehmigungsentscheidung dar. Dem klaren Wortlaut zufolge ist die konkrete Übermittlung, nicht aber die Unternehmensregelung – ebenso wenig wie die individuelle Vertragslösung[266] – Gegenstand einer Genehmigung. Weiterhin wird mit zutreffenden Argumenten begründet, warum die Genehmigung eines gesamten Code of Conduct als ausreichende Garantie i.S.d. § 4 c II BDSG problematisch ist. Einerseits seien solche abstrakten Feststellungen gem. Art. 26 IV DSRL der Kommission zugewiesen.[267] Dort werden zwar nur die Standardvertragsklauseln erwähnt, aber für Unternehmensregelungen, die eine große Zahl von Übermittlungen abdecken sollen, kann nichts anderes gelten. Andererseits stünde eine Genehmigung einer Unternehmensregelung einer Blanko-Genehmigung gleich, was verwaltungsrechtlich unzu-

---

263 *Gola/Schomerus*, BDSG, § 4 c Rn. 16; *Backes/Eul/Guthmann/Martwich/Schmidt*, RDV 2004, 156, 160; Zum Meinungsstand vgl. Aus den Ländern, RDV, 135 f.

264 *Weniger*, Datenübermittlung, 521; *Tinnefeld*, Datenschutzrecht, 351 f.; *Moritz/Tinnefeld*, JurPC Web-Dok 181/2003 (siehe Anlage 10), Abs. 14; *Abel*, RDV 2003, 11; *Gola/Klug*, Datenschutzrecht, 72; *Gola/Schomerus*, BDSG, § 4 c Rn. 10 und 17; Hinweise zum Datenschutz Nr. 40 (siehe Anlage 15), 13 f.

265 *Weniger*, Datenübermittlung, 521; *Tinnefeld*, Datenschutzrecht, 351; *Gola/Schomerus*, BDSG, § 4 c Rn. 17; *Moritz/Tinnefeld*, JurPC Web-Dok 181/2003 (siehe Anlage 10), Abs. 14; Hinweise zum Datenschutz Nr. 40 (siehe Anlage 15), 13.

266 Zur restriktiven Auslegung von § 4 c II BDSG in Bezug auf Standardvertragsklauseln siehe B. II. 3. b.

267 Hinweise zum Datenschutz Nr. 40 (siehe Anlage 15), 13.

lässig sei.[268] Die Genehmigung der Behörde stellt einen Verwaltungsakt dar, der sich gem. § 35 S. 1 VwVfG auf einen Einzelfall beziehen muss. Wäre die Unternehmensregelung aber selbst Gegenstand der Genehmigung, würde es sich nicht mehr um eine individuelle Regelung handeln. Vielmehr wäre es eine pauschale Feststellung ohne zu prüfen, ob die Garantien für den Einzelfall, nämlich für eine konkrete Übermittlung, tatsächlich ausreichend sind. Auch dies spricht gegen die Genehmigungsfähigkeit einer Unternehmensregelung.

Dagegen sieht eine andere Meinung in einer derart restriktiven Auslegung einen Widerspruch zu dem Ziel der Vorschriften der Art. 26 II DSRL und § 4 c II BDSG.[269] Ihr Zweck sei es, den internationalen Datenaustausch auch und vor allem durch eine Standardisierung der Übermittlungsbedingungen zu erleichtern. Dem ist entgegenzuhalten, dass diese Normen Ausnahmetatbestände enthalten, die einen Datentransfer *trotz* der fehlenden Angemessenheit des Datenschutzniveaus ermöglichen sollen. Um eine Ausnahme handelt es sich dort, wo das Gesetz eine Regel, der es in möglichst weitem Umfang Geltung zu verschaffen sucht, für bestimmte, eng umgrenzte Fälle durchbrochen hat, weil ihre Durchführung dem Gesetzgeber wenig praktikabel oder unangebracht erschien und er glaubte, in diesen Fällen darauf verzichten zu können.[270] Dies trifft auf die ausreichenden Garantien zu. Der Gesetzgeber hat die Regel, nach der die Zulässigkeit einer Drittstaatenübermittlung ein angemessenes Schutzniveau voraussetzt, für den eng umgrenzten Fall des Vorliegens ausreichender Garantien durchbrochen, weil er die Angemessenheit in diesen Fällen für verzichtbar hielt.[271] Folglich ist zu vermeiden, dass durch eine allzu weite Auslegung der Ausnahmebestimmung die Regelungsabsicht des Gesetzgebers in ihr Gegenteil verkehrt wird.[272] Der Ausnahmetatbestand der ausreichenden Garantien ist daher eng auszulegen. Mit diesem Gebot wäre eine Genehmigung des

---

[268] Hinweise zum Datenschutz Nr. 40 (siehe Anlage 15), 13 f.; *Weniger*, Datenübermittlung, 522; *Gola/Schomerus*, BDSG, § 4 c Rn. 17; *Gola/Klug*, Datenschutzrecht, 72.

[269] Simitis - *Simitis*, BDSG, § 4 c Rn. 67. Aus ihren Ausführungen zu Kodex-Änderungen lässt sich schließen, dass auch *Räther/Seitz*, MMR 2002, 520, 527 den Code of Conduct selbst für genehmigungsfähig halten.

[270] *Larenz/Canaris*, Methodenlehre, 176.

[271] Vgl. auch *Gerhold/Heil*, DuD 2001, 377, 378.

[272] *Larenz/Canaris*, Methodenlehre, 176.

Code of Conduct selbst nicht vereinbar. Zudem kann bei den naturgemäß auf ein spezifisches Unternehmen zugeschnittenen Unternehmensregelungen von einer Standardisierung keine Rede sein. Die Checkliste der Art. 29 Gruppe[273] mag zwar einen ersten Ansatz für eine Standardisierung bilden, kann aber schon wegen der rein beratenden Funktion der Gruppe sowie aufgrund der Individualität einer jeden Unternehmensregelung in keiner Weise mit den Standardvertragsklauseln der Kommission verglichen werden. Solange es keine ihnen ähnliche „Standard-Unternehmensregelung" gibt, steht ein unternehmensspezifischer Code of Conduct einer individuellen Vertragslösung gleich. Für Unternehmensregelungen kann daher auch nichts anderes gelten als für Vertragsklauseln, die von den Standardvertragsklauseln abweichen. Ebenso wie Übermittlungen auf der Grundlage von individuellen Vertragsklauseln bedürfen daher auch solche, die im Geltungsbereich eines Code of Conduct erfolgen sollen, einer Genehmigung.

- **Genehmigungspflicht**

Damit klärt sich auch die Frage, ob eine Genehmigungspflicht für verbindliche Unternehmensregelungen besteht.[274] Sie wäre folgerichtig, wenn eine Unternehmensregelung selbst genehmigungsfähig wäre und darauf basierende Übermittlungen keiner Genehmigung mehr bedürften. Dem ist aber, wie gezeigt, nicht so. Dass einzelne Codes of Conduct der Aufsichtsbehörde zur Abstimmung vorgelegt wurden[275] ist sinnvoll und empfehlenswert, lässt aber noch nicht auf eine generelle Genehmigungspflicht schließen. Vielmehr ergibt sich eine Vorlagepflicht für den Code of Conduct automatisch in dem Moment, in dem die Aufsichtsbehörde auf seiner Grundlage das Vorhandensein ausreichender Garantien i.S.d. § 4 c II BDSG prüft. Auch die Art. 29 Gruppe formuliert in ihrer „Muster-Checkliste für Anträge auf Genehmigung verbindlicher unternehmensinterner Datenschutzregelungen"[276] insofern unscharf, als es nicht um die Genehmigung von Unternehmensregelungen selbst gehen

[273] Art. 29 Gruppe, WP 108 (siehe Anlage 14), 3 ff.
[274] Bejahend Simitis - *Simitis*, BDSG, § 4 c Rn. 66 und *Räther/Seitz*, MMR 2002, 520, 527.
[275] Dokumente zu Datenschutz und Informationsfreiheit 2002 (siehe Anlage 13), 38 ff.
[276] Art. 29 Gruppe, WP 108 (siehe Anlage 14), 1 ff.

kann. Diese müssen zwar gewisse Anforderungen erfüllen, jedoch nicht um selbst genehmigt zu werden, sondern um ausreichende Garantien zu bieten, auf deren Grundlage die Behörde eine Drittstaatenübermittlung genehmigen kann. Eine Genehmigungspflicht für den Code of Conduct selbst entfällt.

Im Ergebnis sind Unternehmensregelungen weder genehmigungsfähig noch genehmigungspflichtig. Sie können ohne Weiteres im Unternehmen eingeführt werden und bilden dann die Basis für die Entscheidung der Aufsichtsbehörde über eine Genehmigung nach § 4 c II BDSG. Gegenstand der Genehmigung kann aber nur die einzelne Übermittlung oder die Art der Übermittlung sein.

- **Vorteile und Stärken**

Der Code of Conduct ist gesetzlich zwar nur als ein Instrument zur rechtlichen Absicherung eines Datentransfers in Drittstaaten ohne angemessenes Datenschutzniveau vorgesehen. Es wird aber auch der begrüßenswerte Vorschlag gemacht, die Unternehmensregelungen als einen unternehmensweiten datenschutzrechtlichen Mindeststandard auszugestalten und zu kommunizieren.[277] Bezieht man auch die über die Drittstaatenübermittlung hinausgehenden Anforderungen an den Umgang mit personenbezogenen Daten mit ein, hätte dies einerseits den Vorteil, dass damit eventuelle Verwirrungen bei Mitarbeitern vermieden werden und auch das allgemeine Datenschutzbewusstsein im Unternehmen nachhaltig gestärkt wird.[278] Andererseits könnte sich ein solcher Ansatz positiv auf den Schutz der Rechte des Betroffenen und bei öffentlicher Bekanntmachung sogar auf die Wettbewerbsposition des Unternehmens auswirken. Denn es wird zu Recht darauf hingewiesen, dass der Einsatz von Verhaltensregeln – verbunden mit entsprechenden Kommunikationsmaßnahmen – als Marketinginstrument dazu dienen kann, das Unternehmensimage zu verbessern und sich unter Ausnutzung des gestiegenen Datenschutzbewusstseins bei Kunden Wettbe-

---

[277] *Büllesbach/Höss-Löw*, DuD 2001, 135, 138; *Räther/Seitz*, MMR 2002, 520, 527.
[278] *Büllesbach/Höss-Löw*, DuD 2001, 135, 138; *Räther/Seitz*, MMR 2002, 520, 527.

werbsvorteile zu verschaffen.[279] Die Verwendung eines Code of Conduct kann so, ähnlich wie ein Datenschutzaudit, eine win-win-Situation sein.[280] Diese ganzheitliche Herangehensweise an verbindliche Unternehmensregeln ist nicht nur rechtlich möglich, sondern scheint aus Unternehmensperspektive auch vorzugswürdig und empfehlenswert.

Für die Gestaltung eines Code of Conduct ergeben sich mehrere Möglichkeiten. Soll er als unternehmensweiter Mindeststandard etabliert werden, muss dies nicht zu einer undifferenzierten Betrachtung führen. Der Mindeststandard könnte, wie zutreffend ausgeführt wird, für bestimmte Unternehmensstandorte und Zwecke, z.B. für die Personaldatenverarbeitung konkretisiert oder verschärft werden.[281] Alternativ kann der Code of Conduct von vornherein durch einen allgemeinen Teil für alle Konzernteile und einen besonderen Teil für bestimmte Konzernteile oder Datenverarbeitungsarten ausgestaltet werden.[282] Auch die Schaffung mehrerer Unternehmensregelungen für einzelne Datenarten (Personaldaten, Kundendaten etc.) ist denkbar.[283]

Neben möglichen Wettbewerbsvorteilen ist als positiver Effekt eines Code of Conduct festzuhalten, dass durch ihn die Datenschutzregelungen innerhalb des Unternehmensgefüges vereinheitlicht[284] und so ein konzernweit einheitlicher Datenschutzstandard etabliert werden kann.[285] Dies beugt Behinderungen des konzerninternen Informationsflusses

---

[279] *Burgsdorff*, Umsetzung der DSRL, 88 f.; *Büllesbach/Höss-Löw*, DuD 2001, 135, 138; *Räther/Seitz*, MMR 2002, 520, 527; *Weniger*, Datenübermittlung, 502.

[280] Die Wechselwirkungen zwischen besserem Schutz für den Betroffenen und Wettbewerbsvorteilen für das Unternehmen wird anhand des Datenschutzaudits unter B. III. 3. noch ausführlich zu erläutern sein. Parallelen zwischen Code of Conduct und Datenschutzaudit hinsichtlich des selbstregulatorischen Ansatzes und der Wirkungsweise zieht auch *Burgsdorff*, Umsetzung der DSRL, 88 f. Er weist ebenso wie *Büllesbach/Höss-Löw*, DuD 2001, 135, 138 darauf hin, dass der Einsatz solcher Verhaltensregeln ein Weg ist, sich unter Ausnutzung des gestiegenen Datenschutzbewusstseins bei Kunden Wettbewerbsvorteile zu verschaffen.

[281] *Büllesbach/Höss-Löw*, DuD 2001, 135, 138; *Räther/Seitz*, MMR 2002, 520, 527; *Weniger*, Datenübermittlung, 502.

[282] *Gackenholz*, DuD 2000, 727, 731; *Büllesbach/Höss-Löw*, DuD 2001, 135, 138; *Räther/Seitz*, MMR 2002, 520, 527; *Weniger*, Datenübermittlung, 502.

[283] *Räther/Seitz*, MMR 2002, 520, 527; *Weniger*, Datenübermittlung, 502.

[284] *Weniger*, Datenübermittlung, 527.

[285] *Büllesbach/Höss-Löw*, DuD 2001, 135, 138.

durch unterschiedliche nationale Datenschutzanforderungen vor[286] und erleichtert es dem Unternehmen, den Herausforderungen einer globalisierten Wirtschaft gerecht zu werden. Des Weiteren kann ein Code of Conduct dazu beitragen, den Datenschutz in eine Vielzahl von Unternehmenskulturen zu integrieren.[287] Schließlich könne er ohne formale Ratifizierungsakte im Unternehmen umgesetzt, den Mitarbeitern in Form einer Arbeitsanweisung bekannt gemacht und ggf. aktualisiert werden.[288] Es ist in der Tat problemlos möglich, Unternehmensregelungen konzernintern anzupassen, weil sie nicht selbst Gegenstand der aufsichtsbehördlichen Genehmigung sind. Ob der geänderte Code of Conduct dann noch immer ausreichende Garantien i.S.d. § 4 c II BDSG bietet, wird im Rahmen der nächsten behördlichen Prüfung einer Drittstaatenübermittlung festgestellt. Ein weiterer positiver Effekt ist somit die Verbesserung der Zusammenarbeit mit der Behörde.[289] Schließlich ist davon auszugehen, dass eine vom Unternehmen selbst entwickelte Lösung im Datenschutzbereich zu einer höheren Akzeptanz und damit zu einer besseren Befolgung führt.[290]

- **Kritik und Schwächen**

Als Nachteil von Unternehmensregelungen wird zuweilen gewertet, dass es in der Regel eines langen Vorbereitungsprozesses bedarf.[291] Zudem können sich Schulung von Mitarbeitern und ggf. notwendige Anpassungen an Veränderungen im Unternehmensumfeld zeit- und kostenaufwändig gestalten.[292] Daher muss eingehend geprüft werden, ob sich die Schaffung eines Code of Conduct für das konkrete Unternehmen lohnt. Für einen großen Konzern mit weitreichender internationaler Präsenz können diese Hürden aber durch den künftig einfachen

---

286 *Gackenholz*, DuD 2000, 727, 731.

287 Vgl. *Moritz/Tinnefeld*, JurPC Web-Dok 181/2003 (siehe Anlage 10), Abs. 7.

288 *Büllesbach/Höss-Löw*, DuD 2001, 135, 138.

289 *Räther/Seitz*, MMR 2002, 520, 527; *Weniger*, Datenübermittlung, 527.

290 *Räther/Seitz*, MMR 2002, 520, 527.

291 *Backes/Eul/Guthmann/Martwich/Schmidt*, RDV 2004, 156, 160.

292 *Räther/Seitz*, MMR 2002, 520, 527 f. *Weniger*, Datenübermittlung, 527 f. weist jedoch zutreffend darauf hin, dass die Beobachtung, Anpassung und Durchsetzung von Vertragsklauseln ebenfalls mit erheblichem Aufwand verbunden ist.

Datentransfer in Drittstaaten aufgewogen werden. Denn auch wenn ein Code of Conduct als solcher nicht eigenständig genehmigungsfähig ist, kann er die Erteilung der weiterhin erforderlichen Einzelübermittlungsgenehmigungen durch die Behörde erleichtern.[293] Insbesondere ist zu erwarten, dass sich die Zeit zwischen Antragstellung und Genehmigungserteilung bei einer der Behörde bereits bekannten Unternehmensregelung signifikant verkürzen wird.

Dennoch wird völlig zu Recht beklagt, dass den Unternehmensregelungen wegen des Genehmigungserfordernisses für darauf basierende Übermittlungen häufig die wirtschaftlich notwendige Flexibilität fehlt.[294] Ebenso zutreffend wird aber vorgeschlagen, Abhilfe durch eine weite Auslegung des Begriffs „Arten von Übermittlungen", § 4 c II BDSG zu schaffen.[295] In der Tat könnte ein Antrag auf Genehmigung der Drittstaatenübermittlung z.B. von Kunden- oder Personaldaten gestellt werden, wobei die Behörde dann die Eignung der Unternehmensregelung als ausreichende Garantie für diese Art bzw. Kategorie der Übermittlung prüft, § 4 c II BDSG, Art. 26 II DSRL. Schließlich könnte der Verbreitung des Datenschutzinstruments Code of Conduct entgegenstehen, dass es für einen im datenschutzrechtlichen Binnenraum ansässigen Teilkonzern praktisch nicht immer leicht sein wird, die Konzernmutter davon zu überzeugen, den gesamten Konzern einem Code of Conduct zu unterwerfen.[296] Bei Konzernen europäischer Prägung dürfte die Etablierung konzernweiter Unternehmensregelungen hingegen weniger Akzeptanzprobleme mit sich bringen.

- **Bewertung**

Im Ergebnis kann mit verbindlichen Unternehmensregelungen ein bereichsspezifischer, also auf ein Unternehmen oder eine Branche zugeschnittener Schutz vor Beeinträchtigungen des informationellen Selbstbestimmungsrechts erreicht werden. Auch wenn sie in der Tat nicht die Universallösung für einen ungehinderten Datenaustausch darstellen,

---

[293] *Abel,* RDV 2003, 11.
[294] *Tinnefeld,* Datenschutzrecht, 351 f.
[295] *Tinnefeld,* Datenschutzrecht, 352.
[296] Darauf weist zu Recht *Gackenholz,* DuD 2000, 727, 730 hin.

können sie bei richtiger Implementierung ein sinnvolles Instrument sein.[297] Insbesondere dort, wo der Einsatz anderer Instrumente, z.B. der Standardvertragsklauseln problematisch erscheint, können verbindliche Unternehmensregelungen ein geeignetes zusätzliches Mittel zur Durchführung internationaler Übermittlungen sein.[298] Für multinationale Konzerne ist es einer der besten Wege, den Datentransfer in Drittstaaten unabhängig von anderen Erlaubnistatbeständen zu gewährleisten.[299]

### 4. Sanktionen bei unzulässiger Übermittlung

Ziel der Datenschutzvorschriften ist es, die Persönlichkeitsrechte des Einzelnen zu schützen, § 1 I BDSG.[300] Um Beeinträchtigungen erst gar nicht auftreten zu lassen, verfolgt das Gesetz einen präventiven Ansatz[301] und enthält umfangreiche Regelungen für den rechtmäßigen Umgang mit personenbezogenen Daten. Verstößt eine verantwortliche Stelle gegen diese Normen, etwa indem sie eine unzulässige Drittstaatenübermittlung durchführt, sind mehrere Sanktionen möglich. Das BDSG selbst sieht eine Schadensersatzpflicht des Datenverarbeiters, § 7 f., Bußgelder als Ahndung einer Ordnungswidrigkeit, § 43, sowie Freiheitsstrafe infolge einer Straftat, § 44, vor. Weiterhin könnte ein Schadensersatzanspruch aus unerlaubter Handlung in Frage kommen.

Ein Anspruch aus § 823 I BGB setzt die Verletzung eines absoluten Rechts voraus. Das allgemeine Persönlichkeitsrecht wurde als ein solches absolutes Recht anerkannt.[302] Bei unzulässigem Umgang mit personenbezogenen Daten, einschließlich ihrer Übermittlung, besteht also ein

---

[297] *Räther/Seitz*, MMR 2002, 520, 528; *Weniger*, Datenübermittlung, 526.

[298] Art. 29 Gruppe, WP 74 (siehe Anlage 12), 5.

[299] So auch *Büllesbach/Höss-Löw*, DuD 2001, 135, 138; wohl auch *Gackenholz*, DuD 2000, 727, 730; *Weniger*, Datenübermittlung, 526.

[300] Dazu siehe oben B. I. 2. b.

[301] *Gola/Schomerus*, BDSG, § 1 Rn. 6; *Bull*, NJW 2006, 1617, 1623 nennt Datenschutz ein Vorfeldrecht.

[302] Erstmalige Anerkennung des allgemeinen Persönlichkeitsrechts als verfassungsmäßig geschütztes Grundrecht in BGHZ 13, 334, 337 f. und folgerichtig als sonstiges Recht i.S.d. § 823 I BGB in BGHZ 26, 349, 354.

Schadensersatzanspruch wegen Verletzung eines sonstigen Rechts gem. § 823 I BGB.[303]

Um einen Anspruch aus § 823 II BGB zu begründen, müssten das BDSG oder seine Normen Schutzgesetzcharakter haben. Ein Gesetz oder eine Rechtsnorm gelten dann als Schutzgesetz i.S.d. § 823 II BGB, wenn es neben dem Schutz der Allgemeinheit zumindest auch dem Schutz der Interessen des Einzelnen dient und wenn der Individualschutz zumindest auch im gewollten Aufgabenbereich der Norm liegt.[304] Das BDSG enthält viele Normen, zu deren Aufgabenbereich der Schutz von Individualinteressen zählt. Rechtsprechung[305] und Literatur[306] sind sich daher einig, dass datenschutzrechtliche Vorschriften, die dem Zweck dienen, den Einzelnen davor zu schützen, dass er durch den Umgang mit seinen personenbezogenen Daten in seinem Persönlichkeitsrecht beeinträchtigt wird, als Schutzgesetze i.S.d. § 823 II BGB anzuerkennen sind. Auch die Regelungen der §§ 4 b, c BDSG haben zum Ziel, den einzelnen Betroffenen davor zu schützen, dass er durch eine unzulässige Drittstaatenübermittlung seiner personenbezogenen Daten in seinem Recht auf informationelle Selbstbestimmung verletzt wird. Ein Verstoß gegen diese Normen zieht daher einen Schadensersatzanspruch des Betroffenen gem. § 823 II BGB nach sich.

---

[303] So auch *Roßnagel/Pfitzmann/Garstka*, Modernisierung, 178.

[304] Jauernig - *Teichmann*, BGB, § 823 Rn. 44; Palandt - *Sprau*, BGB, § 823 Rn. 56 f.; BGH NJW 2006, 2110, 2112 mwN als Beispiel für die ständige Rechtsprechung des BGH.

[305] OLG Frankfurt, ZIP 2005, 654, 655 zu § 28 I Nr. 2 BDSG: „Diese Norm kommt - wie andere Vorschriften des BDSG [...] - als Schutzgesetz im Sinne des § 823 II BGB in Betracht."; AG Berlin-Mitte, NJW-RR 2004, 531 f. zu § 6 b BDSG; OLG Hamm, NJW 96, 131 zu §§ 4, 29 BDSG a.F.; OLG Hamm, ZIP 83, 552, 554 zu §§ 3, 24 BDSG a.F.

[306] *Gola/Schomerus*, BDSG, § 1 Rn. 4; Palandt - *Sprau*, BGB, § 823 Rn. 62; *Schipper*, Instrumente des Datenschutzrechts, 53 f.; *Roßnagel/Pfitzmann/Garstka*, Modernisierung, 178.

## III. Erwägungen für die Praxis

### 1. Entscheidungshilfe für die Übermittlung personenbezogener Daten

Wie gezeigt, besteht eine Vielzahl von Möglichkeiten für einen Datentransfer in Drittstaaten, die kein angemessenes Datenschutzniveau aufweisen. Erst wenn keine von ihnen für eine konkrete Übermittlung einschlägig oder realisierbar ist, kommt es für die Zulässigkeit auf das Vorliegen eines angemessenen Datenschutzniveaus i.S.d. Art. 25 DSRL an.[307] Unternehmen sind also in ihrem Bestreben, einen rechtlich abgesicherten Datentransfer mit begrenztem Aufwand sicherzustellen, nicht vor unlösbare Aufgaben gestellt.

Dennoch mag es im Einzelfall schwer sein, unter den vielen Alternativen diejenige zu finden, die für eine bestimmte Übermittlung am sinnvollsten eingesetzt werden kann. Folgende Grafik soll die Entscheidung, ob und wie ein Datentransfer möglich ist und welche Voraussetzungen zu beachten sind, erleichtern:

[307] Siehe zum falschen Eindruck, den die Struktur der Art. 25 f. DSRL vermittelt, unter B. II. 3.

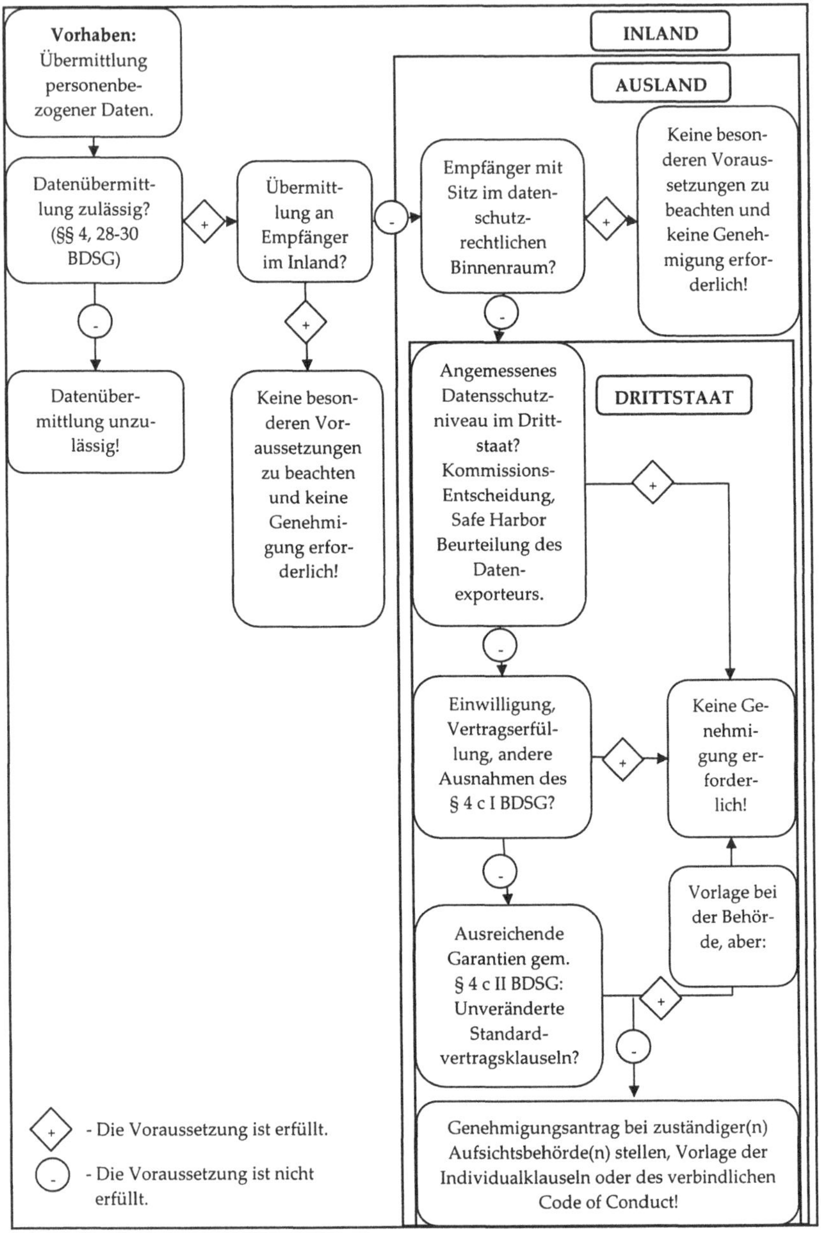


**Abb. 3: Entscheidungshilfe bei der Datenübermittlung.**
**In Anlehnung an *Backes/Eul/Guthmann/Martwich/Schmidt*, RDV 2004, 156, 157.**

## Datenschutz – Last, Notwendigkeit oder Chance?

Datenschutz und der damit verbundene Zeit- und Kostenaufwand sind in europäischen Unternehmen Realität. Es fragt sich jedoch, wie ein Unternehmen mit den strengen Verpflichtungen, die ihnen der Gesetzgeber auferlegt, umgehen soll. Datenschutz kann einerseits als Last[308] oder auch ganz banal als gesetzliche Notwendigkeit,[309] andererseits als unternehmerische Chance wahrgenommen werden.

Bereits aus Eigeninteresse am Schutz sensibler Firmendaten ist ein funktionierender Datenschutz für viele Unternehmen wichtig und kann sogar einen positiven Standortfaktor darstellen.[310] Es gibt darüber hinaus Grund zu der Annahme, dass ein freiwilliges Engagement im Bereich des Datenschutzes über das gesetzlich gewährleistete Niveau hinaus konkrete Geschäftsvorteile bringen kann. Bei vielen Kunden wachsen angesichts der sich rasant entwickelnden Technologie sowohl das Interesse als auch ein sensibles Bewusstsein bezüglich Datenschutzfragen.[311] Die Angst der Verbraucher vor Datenmissbrauch führt dabei zu Misstrauen und Verunsicherung, welchem der vielen möglichen Geschäftspartner die persönlichen Daten überlassen werden können.[312] Je vertraulicher die Informationen – etwa die persönliche Finanzlage oder die Krankengeschichte – desto eher wird wirksamer Datenschutz zum Entscheidungskriterium. Kunden sind also sehr an einem wirksamen Da-

---

308 Dies mag ein häufiges Empfinden sein, obwohl den Unternehmen durch die Einhaltung der Vorschriften, die die DSRL umsetzen, nur begrenzte zusätzliche Kosten entstehen. Nachgewiesen an ausgewählten Fallbeispielen, vgl. Economic Evaluation of the Data Protection Directive 95/46/EC (siehe Anlage 16), 5 f.

309 Laut einer nicht-repräsentativen Umfrage unter Datenschutzverantwortlichen halten 91% der Befragten den Schutz von Daten für notwendig, wobei das gesetzlich gewährleistete Datenschutzniveau zumeist als mittelmäßig streng eingeschätzt wird, Flash Eurobarometer Survey (siehe Anlage 7), 1 f., Abb. Q1, Q2.

310 *Driftmann* in: Bäumler/Mutius (Hrsg.), Wettbewerbsvorteil, 39, 41.

311 *Büllesbach*, RDV 1997, 239, 241 f.

312 Dies zeigen die wenigen Befragungen, die es im Bereich Datenschutz gibt, vgl. *Opaschowski* in: Bäumler/Mutius (Hrsg.), Wettbewerbsvorteil, 13 ff. und Special Eurobarometer Survey (siehe Anlage 17), 2 ff. Ein Großteil der Bundes- und EU-Bürger ist über den Schutz ihrer personenbezogenen Daten besorgt, wobei das Vertrauen in das von verantwortlichen Stellen gewährleistete Schutzniveau stark zwischen verschiedenen Bereichen und Institutionen variiert.

tenschutz interessiert, trauen dabei aber dem gesetzlichen Datenschutz nicht unbedingt zu, diesen auch zu gewährleisten.[313] Unternehmerische Datenschutzanstrengungen – verbunden mit entsprechenden Kommunikationsmaßnahmen – helfen hier, Kundenvertrauen aufzubauen und ein vorteilhaftes Image für das Unternehmen zu schaffen. Dies kann als Basis für den Geschäftserfolg kaum hoch genug eingeschätzt werden. An einem zerstörten Kundenvertrauen aufgrund zweifelhafter Datenhandhabung im Unternehmen, wie es sich beispielsweise in Initiativen wie den Big Brother Awards manifestiert,[314] kann kein Unternehmen interessiert sein.

Unternehmerische Datenschutzinitiativen und ihre Nutzung zu Marketingzwecken[315] lassen sich also durchaus als Chance begreifen. Es kann damit eine neue, datenschutzbewusst handelnde Kundengruppe erschlossen werden. Zudem stellt sich der unternehmerische Datenschutz zunehmend als Erfolgsfaktor für die Kundenbindung dar.[316] Hat der Kunde Vertrauen in die Datensicherung bei einem konkreten Unternehmen, wird er bereitwilliger personenbezogene Daten preisgeben und die Geschäftsbeziehung langfristig aufrechterhalten. Verantwortlicher Umgang mit personenbezogenen Daten wird daher immer mehr zu einem Qualitätsargument und wichtigen Wettbewerbsfaktor, über den eine Differenzierung von Konkurrenten möglich ist und Kunden gewonnen und gehalten werden können.[317] So wird das Konzept eines

---

313 Nur etwa die Hälfte der befragten EU-Bürger halten das von nationalen Gesetzen ihrer Mitgliedstaaten gewährleistete Datenschutzniveau für hoch, Special Eurobarometer Survey (siehe Anlage 17), 8.

314 Die Big Brother Awards wurden nach eigenen Angaben ins Leben gerufen, um die öffentliche Diskussion um Privatsphäre und Datenschutz zu fördern. Sie sollen missbräuchlichen Umgang mit Technik und Informationen zeigen. Die Preise werden an Firmen, Organisationen und Personen verliehen, die die Privatsphäre von Menschen beeinträchtigen oder persönliche Daten Dritten zugänglich machen. Weiterführende Informationen unter http://www.big-brother-awards.de/.

315 So vorgeschlagen von *Henderson*, Privacy, 25.

316 *Bruhn* in: Graf/Paschke/Stober (Hrsg.), Customer Relationship Management, 15 ff.

317 *Bruhn* in: Graf/Paschke/Stober (Hrsg.), Customer Relationship Management, 15, 24; *Büllesbach*, RDV 1997, 239, 243 f.; *Büllesbach*, RDV 2000, 1, 2; *Büllesbach* in: Bäumler/Mutius (Hrsg.), Wettbewerbsvorteil, 45, 53 f.; *Müller* in: Bäumler/Mutius (Hrsg.), Wettbewerbsvorteil, 20, 25; *Roßnagel* in: Bäumler/Mutius (Hrsg.), Wettbewerbsvorteil, 115, 124.

kundenorientierten, überdurchschnittlich guten Datenschutzes als Teil der Unternehmensstrategie bereits diskutiert und praktiziert.[318] Es lohnt sich in jedem Fall, den Datenschutz einmal nicht unter dem Gesichtspunkt des gesetzlichen Zwangs, sondern aus der Perspektive des geschäftlichen Nutzens zu betrachten. Denn dem zweifellos hohen Aufwand im Zusammenhang mit dem Datenschutz steht auch ein potenziell hoher Nutzen gegenüber.

Letztendlich entscheidet das Selbstverständnis des einzelnen Unternehmens darüber, ob es die gesetzlichen Anforderungen an den Datenschutz als Last, Notwendigkeit oder Chance begreift. Es sei daran erinnert, dass die erfolgreichsten Unternehmen zu jeder Zeit und überall diejenigen waren und sind, die die jetzigen und zukünftigen Bedürfnisse von Kunden und Märkten erkennen, sie besser als ihre Konkurrenten befriedigen und dabei die Gegebenheiten ihres gesellschaftlichen und gesetzlichen Umfeldes zu ihren Gunsten zu nutzen wissen. An dem Bedürfnis der Kunden nach dem bestmöglichen Schutz ihrer persönlichen Daten besteht jedenfalls kein Zweifel. Wer mit den ihm anvertrauten Informationen nicht sorgsam umgeht, wird daher in der Informationsgesellschaft des 21. Jahrhunderts einen schweren Stand haben. Jedes nachhaltig wirtschaftende Unternehmen täte also gut daran, Datenschutz und Datensicherheit als Bestandteile einer modernen und wertorientierten Managementphilosophie[319] zu betrachten. Um die tatsächliche Umsetzung von entsprechenden Maßnahmen sicherzustellen, bietet sich beispielsweise die Schaffung von finanziellen Anreizen für Manager durch die Einbeziehung von datenschutzrechtlichen Komponenten in ihre Jahresziele an.[320]

---

[318] Weiterführend zum Konzept von Premium Privacy *Büllesbach*, in: Bäumler/Mutius (Hrsg.), Wettbewerbsvorteil, 45 ff. Beispiele für fortschrittliche Datenschutzkonzepte führender Unternehmen bei *Kley*, DuD 2003, 397, 398 (Deutsche Lufthansa); *Königshofen* in: Bäumler/Mutius (Hrsg.), Wettbewerbsvorteil, 58 ff. (Deutsche Telekom); *Karjoth* in: Bäumler/Mutius (Hrsg.), Wettbewerbsvorteil, 68 ff. (IBM).

[319] *Büllesbach* in: Büllesbach (Hrsg.), Datenverkehr, 51, 66 f. Der Frage, wie Datenschutz in einem global ausgerichteten Unternehmen organisiert werden könnte, widmet sich *Büllesbach*, RDV 2000, 1, 2 f. Zum Konzept des proaktiven Datenschutzes als betrieblicher Gestaltungsaufgabe auch *Bizer*, DuD 2007, 725 ff.

[320] *Schrecker* in: Büllesbach (Hrsg.), Datenverkehr, 157, 164 ff. am Beispiel von American Express.

## 2. Datenschutzaudit, § 9 a BDSG

Mit § 9 a BDSG avisiert der Gesetzgeber eine neuartige Option für Anbieter von Datenverarbeitungssystemen und -programmen sowie für datenverarbeitende Stellen. Ein Datenschutzaudit soll ihnen die Möglichkeit bieten, ihr Datenschutzkonzept und ihre technischen Einrichtungen durch unabhängige und zugelassene Gutachter prüfen und bewerten zu lassen sowie das Ergebnis der Prüfung zu veröffentlichen. Dies ist eine Antwort auf das gestiegene Datenschutzbewusstsein bei der Verarbeitung personenbezogener Daten.[321] Bisher handelt es sich, jedenfalls im BDSG,[322] nur um eine theoretische Möglichkeit. Das in § 9 a BDSG angekündigte besondere Gesetz zur näheren Ausgestaltung der bisher groben Eckpunkte fehlt zwar noch, ist jedoch in Arbeit.[323] Das Konzept eines Datenschutzaudits wurde in der Literatur aber bereits im Zusammenhang mit dem IuKDG erörtert, wobei die Argumente auf ein eventuelles Datenschutzaudit im BDSG übertragbar sind.

Befürworter heben hervor, dass ein freiwilliges Datenschutzaudit als Qualitätsmerkmal zu einem wesentlichen Wettbewerbsvorteil für teilnehmende Unternehmen werden kann.[324] Dies könnte zu einer diesbezüglichen Stimulierung des Wettbewerbs und damit zu einer kontinuierlichen Verbesserung des Datenschutzes und der Datensicherung

---

[321] Roßnagel, DuD 1997, 505, 507.

[322] Folgende Bundesländer haben nach dem Vorbild des BDSG in ihren Landesdatenschutzgesetzen ein Datenschutzaudit vorgesehen: Brandenburg, Bremen, Mecklenburg-Vorpommern, Nordrhein-Westfalen, Schleswig-Holstein. Tatsächlich verbindlich ausgestaltet wurde es aber nur in Schleswig-Holstein (Landesverordnung über ein Datenschutzaudit vom 03.04.2001) und Bremen (Bremische Datenschutzauditverordnung vom 05.10.2004). Ausführlich zu der datenschutzrechtlichen Situation in Schleswig-Holstein *Bäumler*, RDV 2001, 167 ff.; *Vossbein* in: Bäumler/Mutius (Hrsg.), Wettbewerbsvorteil, 150 ff.

[323] Referentenentwurf zu einem Bundesdatenschutzauditgesetz (siehe Anlage 18).

[324] *Vogt/Tauss*, Eckwerte-Papier (siehe Anlage 2), 18 und 25; *Königshofen*, DuD 1999, 266, 267; *Roßnagel*, DuD 1997, 505, 507; Arbeitskreis Datenschutzbeauftragte, DuD 1999, 281, 283; Entschließungsantrag der SPD-Fraktion zum IuKDG BT-Drs. 13/7936, 5; *Roßnagel*, MMR 2005, 71, 75; Zweifelnd *Drews/Kranz*, DuD 2000, 226, 227.

beitragen.[325] So könnte das Datenschutzaudit als Anreiz für eine stärkere Selbstkontrolle und Selbstverantwortung der Datenverarbeiter dienen.[326] Zudem wird argumentiert, dass ein regelmäßig zu wiederholendes Datenschutzaudit positive Auswirkungen im Unternehmen hätte, z.B. ein gesteigertes Bewusstsein für den Datenschutz, mehr Transparenz sowie permanente Lern- und Sensibilisierungseffekte.[327] Ein Datenschutzaudit könne auch den zunehmenden Bedarf an vertrauenswürdigen Bestätigungen eines hohen Datenschutzniveaus bei Betroffenen stillen,[328] was den auditierten Unternehmen wiederum in Form von Erlös- und Gewinnzuwächsen[329] sowie einer Image-Verbesserung zugute käme.

Kritik am Datenschutzaudit wird selten grundsätzlich,[330] jedoch zu vielen Detailfragen geäußert. Es wird insbesondere befürchtet, dass ein Datenschutzaudit im Vergleich zum praktischen Nutzen zu einem hohen bürokratischen Aufwand und damit zu hohen Kosten führen würde.[331]

---

325 Bundesregierung in BT-Drs. 14/1191, 14 zum grundsätzlichen Konzept des Datenschutzaudits, hier im Zusammenhang mit dem IuKDG; *Roßnagel,* DuD 1997, 505, 507.

326 *Roßnagel,* DuD 1997, 505, 507; Arbeitskreis Datenschutzbeauftragte, DuD 1999, 281; *Hoffmann-Riem,* DuD 1998, 684, 685; Bundesregierung in BT-Drs. 14/1191, 14 zum Konzept des Datenschutzaudits, hier im Zusammenhang mit dem IuKDG. Dies bestreiten *Drews/Kranz,* DuD 2000, 226, 227 f., die es lieber bei der nach ihrer Ansicht bewährten Kontrollinstanz des betrieblichen Datenschutzbeauftragten belassen würden. Skeptisch zum Einfluss des Audits auf die Stellung des betrieblichen Datenschutzbeauftragten auch *Gola,* RDV 2000, 93, 95 f. Die Autoren verkennen jedoch die fehlende Öffentlichkeit dieser Kontrolle, weswegen sie weniger effektiv und erst recht nicht wettbewerbsfördernd wirkt.

327 Arbeitskreis Datenschutzbeauftragte, DuD 1999, 281, 282 f.; *Königshofen,* DuD 1999, 266, 279; *Roßnagel,* DuD 1997, 505, 508; *Vossbein* in: Bäumler/Mutius (Hrsg.), Wettbewerbsvorteil, 150, 154.

328 *Roßnagel,* DuD 2000, 231.

329 *Vossbein* in: Bäumler/Mutius (Hrsg.), Wettbewerbsvorteil, 150, 155.

330 *Drews/Kranz* bezweifeln in DuD 1998, 93 f. und DuD 2000, 226 ff., dass ein Datenschutzaudit im Rahmen des BDSG überhaupt sinnvoll durchgeführt werden kann. *Münch,* RDV 2003, 223 ff. stellt bei der Analyse deutscher (Landes) Datenschutzgesetze erhebliche Unterschiede fest und plädiert, gerade auch im Hinblick auf entsprechende Prüfungskriterien und Bewertungsmaßstäbe, für eine Harmonisierung, bevor ein Datenschutzaudit zielführend gestaltet und von der Praxis akzeptiert werden kann.

331 Arbeitskreis Datenschutzbeauftragte, DuD 1999, 281, 282; *Drews/Kranz,* DuD 1998, 93 f.; *Drews/Kranz,* DuD 2000, 226; *Gola,* RDV 2000, 93, 94.

Es sei jedoch darauf verwiesen, dass das Datenschutzaudit auf Freiwilligkeit beruhen soll, wie das Wort „können" in § 9 a I S. 1 BDSG zeigt. Das einzelne Unternehmen kann und soll somit für sich selbst entscheiden, ob der Aufwand in einem vertretbaren Verhältnis zum Nutzen steht.[332] Dem wird von Kritikern entgegengehalten, dass aus der formalen Freiwilligkeit des Datenschutzaudits aus Wettbewerbsgründen ein faktischer Zwang werde.[333] Diese Folge steht jedoch mit dem Konzept des Datenschutzaudits als Element der Selbstregulierung in der Wirtschaft im Einklang. Es steht jedem Unternehmen frei, sich einem Audit zu unterziehen oder dies nicht zu tun, wobei der Wettbewerb untereinander die Entscheidung für oder gegen ein Audit maßgeblich beeinflussen wird.[334] Das Datenschutzaudit ist ja gerade darauf angelegt, den Wettbewerb zwischen den Unternehmen zu stimulieren. Dies hat nichts mit autoritärem Zwang zu tun, sondern nutzt lediglich die marktwirtschaftlichen Mechanismen für den Datenschutz aus.

Im Ergebnis geht die Idee eines Datenschutzaudits in die richtige Richtung.[335] Es würde Unternehmen, die sich datenschutzfreundlich verhalten, öffentlichkeitswirksam für ihre Datenschutzanstrengungen würdigen[336] und daher einen Marktanreiz für verbesserten Datenschutz schaffen. Ein weiterer Schritt hin zur stärkeren Selbstverantwortung der

---

[332] *Königshofen,* DuD 2000, 357, 358. Verspricht sich ein Unternehmen wirtschaftliche Vorteile, wird es sein Verhalten freiwillig ändern.

[333] *Drews/Kranz,* DuD 1998, 93, 94.

[334] So wird zutreffend festgestellt, dass in Bereichen mit einem hohen Kundenbedürfnis nach Datenschutz – und nur dort – auch der Druck auf Unternehmen steigen wird, sich an einem Datenschutzaudit zu beteiligen, *Schipper,* Instrumente des Datenschutzrechts, 69; *Roßnagel,* DuD 2000, 231, 232.

[335] *Königshofen* bezeichnet in DuD 1999, 266, 267 die Ergänzung des ordnungspolitischen Ansatzes, den die DSRL und das BDSG verfolgen, durch einen wettbewerbsorientierten Ansatz gar als den einzigen erfolgversprechenden Weg. Er weist zu Recht darauf hin, dass neben die Bestrafung von gesetzlichen Verstößen auch eine Belohnung von gewünschtem Verhalten über Marktmechanismen treten muss, um langfristig einen wirksamen Schutz des informationellen Selbstbestimmungsrechts sicherzustellen. Ebenso *Roßnagel,* MMR 2005, 71, 75.

[336] *Roßnagel* in: Bäumler/Mutius (Hrsg.), Wettbewerbsvorteil, 115, 119; *Roßnagel/Pfitzmann/Garstka,* Modernisierung, 133. Dies könnte beispielsweise über ein allgemein anerkanntes Qualitäts-Zertifikat erfolgen, *Königshofen,* DuD 2000, 357, 358.

Privatwirtschaft im Datenschutz[337] wäre getan. Unternehmerischer Datenschutz kann so zu einer klassischen win-win-Situation[338] werden: Wettbewerbsvorteile für Unternehmen und ein verbesserter Schutz für Betroffene gehen Hand in Hand.

## IV. Aktuelle Entwicklungen und Ausblick

Einem wirksamen Datenschutz kommt in der sich entfaltenden Wissens- und Informationsgesellschaft eine herausragende Bedeutung zu.[339] Er bedarf jedoch angesichts der allgegenwärtigen Datenverarbeitung mehr denn je einer Modernisierung,[340] auch weil die zunehmend globalisierte und technologisierte Welt zwar ein großes Chancenpotential, aber auch neuartige Risiken mit sich bringt. So ist es nur folgerichtig, dass das Problembewusstsein in Politik und Öffentlichkeit zugenommen und die Weiterentwicklung des Datenschutzrechts eine höhere politische Priorität[341] erlangt hat.

Es wäre wünschenswert, dass das längst überfällige Ausführungsgesetz zu § 9 a BDSG noch in dieser Legislaturperiode verabschiedet wird und damit zur Etablierung eines freiwilligen Datenschutzaudits führt. Ob dieses zu begrüßende Konzept praktisch akzeptiert und mit den gewünschten Effekten verbunden sein wird, bleibt abzuwarten. Auch die Kommission ist beim Thema Datenschutz weiterhin aktiv. Ei-

---

[337] Zu den geschäftlichen Vorteilen eines stärkeren unternehmerischen Engagements beim Datenschutz und zur steigenden Bedeutung in der Zukunft siehe oben B. III. 2.

[338] Diese Chance sieht auch *Königshofen*, DuD 2000, 357, 358 und gibt darauffolgend Anregungen, wie ein Datenschutzaudit ausgestaltet werden könnte, um eine solche Zielvorstellung zu erreichen.

[339] *Vogt/Tauss*, Eckwerte-Papier (siehe Anlage 2), 15.

[340] Thesen dazu entwickelt *Roßnagel*, MMR 2005, 71 ff.

[341] 20. Tätigkeitsbericht des Bundesdatenschutzbeauftragten vom 19.04.2005, BT-Drs. 15/5252 und infolgedessen die Beschlussempfehlung und Bericht des Innenausschusses vom 28.03.2007, BT-Drs. 16/4882; Referentenentwurf zu einem Bundesdatenschutzauditgesetz, (siehe Anlage 18).

nerseits plant sie keine Änderung der DSRL,[342] andererseits lassen ihre Berichte[343] künftige Initiativen zur verbesserten Durchführung der bestehenden Regelungen erwarten. Zudem hat sie ein Projekt ins Leben gerufen, das die Anforderungen an ein Europäisches Datenschutz-Gütesiegel erarbeiten und exemplarisch erproben soll.[344] Es gibt sogar Initiativen, die zur Entwicklung weltweit gültiger Datenschutzstandards beitragen sollen.[345] Dies entspricht dem vereinzelt geäußerten Wunsch nach einem internationalen legislativen Konsens für das Datenschutzrecht.[346] Nicht zuletzt wird sich der Datenschutz vor dem Hintergrund der veränderten Sicherheitslage künftig neuen Herausforderungen gegenübersehen.[347]

Das Spannungsfeld zwischen Datenschutz und Informationsfreiheit[348] fördert auch eine rege Diskussion in der Literatur, wobei das vertretene Spektrum von fatalistischen Zukunftsperspektiven für den Datenschutz[349] bis hin zu Warnungen vor Überbewertung[350] reicht. Dabei wird vermehrt zur Debatte gestellt, ob das Recht auf informationelle

---

342 Erster Bericht der Kommission über die Durchführung der Datenschutzrichtlinie (EG 95/46) vom 15.05.2003, KOM(2003) 265 endgültig, 8 f.; Mitteilungen der EU-Kommission an das Europäische Parlament und an den Rat über den Stand des Arbeitsprogramms für eine bessere Durchführung der EG-Datenschutzrichtlinie vom 07.03.2007, KOM(2007) 87 endgültig, 10.

343 Mitteilungen der EU-Kommission an das Europäische Parlament und an den Rat über den Stand des Arbeitsprogramms für eine bessere Durchführung der EG-Datenschutzrichtlinie vom 07.03.2007, KOM(2007) 87 endgültig, und über die Verbesserung des Datenschutzes durch Technologien zum Schutz der Privatsphäre vom 02.05.2007, KOM(2007) 228 endgültig.

344 Aus der Europäischen Union, RDV 2007, 177. Das Projekt EuroPriSe (European Privacy Seal) wird vom Unabhängigen Landeszentrum für Datenschutz Schleswig-Holstein geleitet, das unter www.datenschutzzentrum.de weitere Informationen zur Verfügung stellt.

345 *Reimer*/DuD Report, DuD 2007, 787.

346 Gackenholz, DuD 2000, 727, 732; *Poullet/Dinant* in: Kenyon/Richardson (Hrsg.), New Dimensions, 60, 90 im Hinblick auf das problematische Spannungsfeld zwischen Internet und Privatsphäre.

347 *Schaar*, RDV 2006, 1 ff.

348 Treffend dargestellt bei *Roßnagel*, MMR 2007, 16 ff.

349 *Simitis*, RDV 2007, 143, 144 ff. befürchtet Erosion und Verfall des Datenschutzes.

350 *Bull*, NJW 2006, 1617 ff. relativiert einige Diskussionspunkte und ruft zur Mäßigung auf.

Selbstbestimmung nicht besser durch neue Regelungsansätze als durch die bisherigen Datenschutzgrundsätze zu schützen wäre.[351] In der Praxis wird sich wohl eine Mischung aus regulatorischen und selbstregulatorischen Ansätzen durchsetzen. Dabei ist nicht auszuschließen, dass auch neue, in der europäischen Regelungskultur bisher eher wenig verbreitete Instrumente zum Einsatz kommen.[352] Mit Blick auf die Zukunft erscheinen dabei insbesondere technikbasierte und selbstregulatorische Elemente als unverzichtbar. Dem Tempo der technologischen Entwicklung können sich Gesetze bestenfalls langsam anpassen,[353] während man mit technischen Mitteln schneller und flexibler auf sich ändernde Anforderungen reagieren kann. So sehen auch Literatur[354] und politisch-gesetzgeberische Kräfte[355] in Entwicklung und Einsatz datenschutzfreundlicher Technologien[356] einen vielversprechenden und zukunftsträchtigen Ansatzpunkt für den Datenschutz. Technischer Datenschutz wird, ebenso wie freiwillige Datenschutzaudits, Industriezertifizierun-

---

351 *Roßnagel*, Datenschutz in einem informatisierten Alltag (siehe Anlage 19), 175 ff.; *Simitis*, RDV 2007, 143, 151 ff.

352 *Schipper*, Instrumente des Datenschutzrechts, 106 ff. stellt eine Vielzahl von in den USA eingesetzten Regelungsinstrumenten vor und vergleicht sie mit deutschen Ansätzen, um schließlich ihre Umsetzbarkeit in Deutschland zu bewerten.

353 Vgl. *Hoffmann-Riem*, DuD 1998, 684, 685. Je schneller die technologische Entwicklung voranschreitet, desto schneller „verfallen" daher auch die Datenschutzgesetze, *Simitis*, DuD 2000, 714, 716 f.

354 *Roßnagel/Pfitzmann/Garstka*, Modernisierung, 35 f.; *Schipper*, Instrumente des Datenschutzrechts, 36 ff.; *Weniger*, Datenübermittlung, 129 ff.; *Scheja*, Datenschutzrecht, 100 f.; *Talidou*, Regulierte Selbstregulierung, 184 ff.; *Burgsdorff*, Umsetzung der DSRL, 28 ff.; *Simitis*, DuD 2000, 714, 725; *Roßnagel*, MMR 2005, 71, 74; *Bizer*, DuD 2007, 725 f.

355 BT-Drs. 16/4882, Beschlussempfehlung 7 sowie Bericht aus den Fraktionen, 5 f.; *Rat für Forschung, Technologie und Innovation*, Informationsgesellschaft, 32 ff. (Empfehlungen 22 - 27); *Schaar*, Zehn Thesen (siehe Anlage 20); Mitteilung der EU-Kommission an das Europäische Parlament und an den Rat über die Verbesserung des Datenschutzes durch Technologien zum Schutz der Privatsphäre vom 02.05.2007, KOM(2007) 228 endgültig.

356 Eine besondere Rolle werden hier datenschutzfördernde Technologien (sog. Privacy Enhancing Technologies) spielen, die im Schnitt bereits rund ein Drittel der Unternehmen nutzen, vgl. die nicht-repräsentativen Selbstauskünfte von unternehmerischen Datenschutzverantwortlichen, Flash Eurobarometer Survey (siehe Anlage 7), 4, Abb. Q5.

gen und Selbstverpflichtungen einzelner Unternehmen, den gesetzlichen Rahmen nie ersetzen können. Wohl aber können diese Instrumente einen wertvollen Beitrag zur Stärkung eines effektiven Datenschutzes in der Privatwirtschaft leisten.

Insgesamt ist auf Unternehmensseite eine verstärkt proaktive[357] und weniger reaktive Herangehensweise an den Datenschutz nicht nur wünschenswert, sondern unumgänglich. Datenschutz ist nämlich eine wesentliche Akzeptanzvoraussetzung der Informationsgesellschaft.[358] Fehlt den Menschen aufgrund der Besorgnis um den Schutz der Privatsphäre das Vertrauen in die neuen Informations- und Kommunikationstechniken oder lehnen sie diese gar ab, so hätte dies mit großer Wahrscheinlichkeit erhebliche wirtschaftliche Konsequenzen.[359] Wie zutreffend vermutet wird, könnten immense ökonomische Potentiale ungenutzt bleiben, seien es Erwartungen in Milliardenhöhe beim electronic commerce, Veränderungen am Arbeitsmarkt durch Telearbeit oder mögliche Umsätze der Informationswirtschaft. Nur ein verlässlicher Datenschutz kann dem entgegenwirken, weswegen ein Engagement in diesem Bereich im Eigeninteresse eines jeden Unternehmens liegt.

---

[357] *Bizer*, DuD 2007, 725 ff. stellt die Elemente dieses zukunftsträchtigen Konzeptes vor. Der Autor hebt den Datenschutz zutreffend als betriebliche Gestaltungsaufgabe hervor, bei der insbesondere die Informationstechnik und daraus resultierende Datenflüsse, Prozesse und Verantwortlichkeiten sowie eine revisionsfähige Administration zu organisieren sind. Zur Datenschutzorganisation in einem global ausgerichteten Unternehmen auch *Büllesbach*, RDV 2000, 1, 2 f.

[358] *Rat für Forschung, Technologie und Innovation*, Informationsgesellschaft, 32; *Bizer* in: Bäumler/Mutius (Hrsg.), Wettbewerbsvorteil, 125, 126.

[359] *Vogt/Tauss*, Eckwerte-Papier (siehe Anlage 2), 3, mit Verweis auf den Abschlussbericht „Deutschlands Weg in die Informationsgesellschaft" (BT-Drs. 13/11004) der Enquete-Kommission „Zukunft der Medien in Wirtschaft und Gesellschaft - Deutschlands Weg in die Informationsgesellschaft" des 13. Deutschen Bundestages.

## C. Untersuchungsergebnisse

Das Grundrecht auf Datenschutz bzw. auf informationelle Selbstbestimmung ist sowohl im inländischen als auch im Gemeinschaftsrecht anerkannt. Innerhalb des datenschutzrechtlichen Binnenraums richten sich die nationalen Datenschutzregimes, auch das BDSG, nach den Vorgaben der DSRL. Erfolgt der Umgang mit personenbezogenen Daten im Inland durch eine in einem anderen Mitgliedstaat niedergelassene verantwortliche Stelle, findet das nationale Datenschutzrecht dieses Landes Anwendung (Niederlassungsprinzip), während bei drittstaatlichen verantwortlichen Stellen das inländische Datenschutzrecht berufen ist (Territorialprinzip). Die Zulässigkeit von Datenübermittlungen in Drittstaaten richtet sich nach dem Datenschutzrecht des Mitgliedstaates, in dem der Datenexporteur niedergelassen ist.

Eine Drittstaatenübermittlung ist grundsätzlich nur möglich, wenn ein angemessenes Datenschutzniveau gewährleistet ist. Dies gilt wegen des fehlenden Konzernprivilegs auch für Übermittlungen zwischen Konzernunternehmen. Damit ein Datenschutzniveau als angemessen angesehen werden kann, darf es das innergemeinschaftliche Schutzniveau nicht unterschreiten. Es kann aber hinsichtlich der Schutzinstrumente anders ausgestaltet sein, solange einige grundlegende Datenschutzprinzipien eingehalten werden. Die Verantwortung für die Zulässigkeit der Übermittlung trägt der Datenexporteur, der auch die Pflicht zur Prüfung der Angemessenheit des Datenschutzniveaus hat. In einigen Fällen kann er sich auf die Angemessenheitsfeststellungen der Kommission stützen, die als eigenständig gesetztes Gemeinschaftsrecht für die Mitgliedstaaten verbindlich sind. Anderenfalls ist als Prüfungsmaßstab das von der DSRL vorgesehene Datenschutzniveau heranzuziehen. Dabei ist richtlinienkonform an das Datenschutzniveau des Empfängerstaates, nicht an das der Empfängerstelle anzuknüpfen.

Fehlt ein angemessenes Schutzniveau, stehen dem Unternehmen die Ausnahmetatbestände des § 4 c BDSG für Drittstaatenübermittlungen zur Verfügung. Einerseits können sie über eine der Katalogausnahmen des § 4 c I BDSG zulässig sein, z.B. im Zusammenhang mit einem Vertrag, an dem der Betroffene beteiligt ist oder durch den er begünstigt wird. Dazu gehört auch die Einwilligung des Betroffenen, deren Wirksamkeit an sehr strenge Voraussetzungen geknüpft und daher als

Legitimationsgrundlage nur bedingt geeignet ist. Andererseits können Drittstaatenübermittlungen gem. § 4 c II BDSG auch auf der Grundlage von ausreichenden Garantien für den Persönlichkeitsschutz und die Rechtsausübung der Betroffenen erfolgen. Dazu bedarf es der behördlichen Genehmigung. Gegenstand der Prüfung und Genehmigung sind nicht die ausreichenden Garantien selbst, sondern die auf ihrer Grundlage durchzuführenden einzelnen Übermittlungen oder Arten von Übermittlungen. Ausreichende Garantien können insbesondere durch Vertragslösungen und verbindliche Unternehmensregelungen gewährleistet werden.

Als Grundlage für vertragliche Datenschutzvereinbarungen zwischen Datenübermittler und Datenempfänger können die im Rahmen von Kommissionsentscheidungen erlassenen Standardverträge dienen. Sie sind als eigenständig gesetztes Recht für die Mitgliedstaaten verbindlich. Werden die Standardvertragsklauseln unverändert eingesetzt, entfällt daher das Genehmigungserfordernis für darauf basierende Drittstaatenübermittlungen. Allerdings sind auch in diesem Fall die verwendeten Vertragsklauseln bei der Aufsichtsbehörde vorzulegen. Individuelle Vertragsklauseln sind ebenfalls möglich, machen aber eine Genehmigung erforderlich. Vertragslösungen sind für den Betroffenen nicht ohne Nachteile. Für das datenübermittelnde Unternehmen eigenen sich aber insbesondere die mit hoher Rechtssicherheit verbundenen, schnell und flexibel einsetzbaren Standardvertragsklauseln gut, solange die Zahl der Vertragspartner begrenzt ist.

Sollen Drittstaatenübermittlungen zwischen einer größeren Zahl von Unternehmen, z.B. im multinationalen Konzern, stattfinden, kann die Schaffung von verbindlichen Unternehmensregelungen in Erwägung gezogen werden. An sie sind dieselben inhaltlichen Anforderungen zu stellen wie an datenschutzrechtliche Vertragsklauseln. Insbesondere müssen sie intern und extern verbindlich sein, also im Unternehmen eingehalten werden und den Betroffenen die Durchsetzung ihrer Rechte ermöglichen. Um die Verbindlichkeit sicherzustellen, ist eine Umsetzung der Unternehmensregelungen durch vertragliche Vereinbarungen den einseitigen Lösungen vorzuziehen. Ob ausreichende Garantien gewährleistet sind, kann nur durch einen Vergleich entschieden werden zwischen der Rechtslage, die entsteht, wenn Unternehmen Standardvertragsklauseln verwenden und der, die entsteht, wenn sie sich einem

Code of Conduct unterwerfen. Da Unternehmensregelungen selbst weder genehmigungsfähig noch genehmigungspflichtig sind, bedürfen Drittstaatenübermittlungen auf ihrer Grundlage der aufsichtsbehördlichen Genehmigung. Dennoch trägt ein Code of Conduct dazu bei, die Datenschutzregelungen innerhalb des Unternehmensgefüges zu vereinheitlichen, ihre Befolgung zu fördern und dem Unternehmen durch entsprechende Kommunikationsmaßnahmen Wettbewerbsvorteile zu verschaffen. Nach Abwägung der Vor- und Nachteile stellen verbindliche Unternehmensregelungen daher ein sinnvolles Instrument dar.

Die Durchführung von unzulässigen Drittstaatenübermittlungen ist bußgeld- und strafbewehrt. Zudem handelt es sich bei dem allgemeinen Persönlichkeitsrecht, dessen Teilaspekt das Grundrecht auf informationelle Selbstbestimmung ist, um ein absolutes Recht. Gleichzeitig haben die §§ 4 b, c BDSG Schutzgesetzcharakter. Daher kommt neben dem spezialgesetzlichen Schadensersatzanspruch aus § 7 BDSG ein solcher auch gem. § 823 I und II BGB in Betracht.

Datenschutz ist zwar eine gesetzliche Notwendigkeit, sollte aber nicht als Last, sondern auch als Chance begriffen werden. Die Einhaltung der Vorschriften sowie darüber hinausgehende freiwillige unternehmerische Datenschutzinitiativen lohnen sich. Sie erhöhen Zufriedenheit und Vertrauen der Kunden, verbessern das Unternehmensimage in der Öffentlichkeit und führen im Idealfall zu Wettbewerbsvorteilen. Auch das nach Verabschiedung des Ausführungsgesetzes zu § 9 a BDSG verfügbare Instrument eines Datenschutzaudits kann helfen, diese Ziele zu erreichen.

Zukünftig werden selbstregulative und technikbasierte Elemente des Datenschutzes an Bedeutung gewinnen. Auf Unternehmensseite ist eine verstärkt proaktive Herangehensweise an das immer wichtiger werdende Thema Datenschutz nicht nur ratsam, sondern unumgänglich, um im Wettbewerb bestehen zu können.

## Abkürzungsverzeichnis

| | |
|---|---|
| Abb. | Abbildung(en) |
| ABl. | Amtsblatt |
| Abs. | Absatz |
| a.F. | alte Fassung |
| AG | Amtsgericht |
| Art. | Artikel |
| BDSG | Bundesdatenschutzgesetz |
| BGBl. | Bundesgesetzblatt |
| BGHZ | Entscheidungssachen des Bundesgerichtshofes in Zivilsachen |
| BT-Drs. | Bundestags-Drucksachen |
| BVerfGE | Entscheidungssammlung des Bundesverfassungsgerichts |
| bzw. | beziehungsweise |
| CR | Computer und Recht |
| d.h. | das heißt |
| DSRL | EG-Datenschutzrichtlinie 95/46/EG vom 24.10.1995 |
| DuD | Datenschutz und Datensicherheit |
| EDV | Elektronische Datenverarbeitung |
| Eg. | Erwägungsgrund |
| EG | Europäische Gemeinschaft |
| EGBGB | Einführungsgesetz zum Bürgerlichen Gesetzbuch |
| EGMR | Europäischer Gerichtshof für Menschenrechte |
| EGV | Vertrag zur Gründung der Europäischen Gemeinschaft |
| endg. | endgültig |
| EMRK | Europäische Menschenrechtskonvention |
| etc. | et cetera |

EU ........................................ Europäische Union
EUV ........................................ Vertrag über die Europäische Union
EuGH ........................................ Europäischer Gerichtshof
EuZW ........................................ Europäische Zeitschrift für Wirtschaftsrecht
EWR ........................................ Europäischer Wirtschaftsraum

f. / ff. ........................................ folgende / fortfolgende

gem. ........................................ gemäß
GG ........................................ Grundgesetz
GWB ........................................ Gesetz gegen Wettbewerbsbeschränkungen
ggf. ........................................ gegebenenfalls

Hrsg. ........................................ Herausgeber
HS ........................................ Halbsatz

IPR ........................................ Internationales Privatrecht
i.S.d. ........................................ im Sinne der/s
IuKDG ........................................ Informations- und Kommunikationsdienste-Gesetz
IT ........................................ Informationstechnologie
i.V.m. ........................................ in Verbindung mit

JurPC ........................................ Internet-Zeitschrift für Rechtsinformatik und Informationsrecht
JZ ........................................ Juristenzeitung

lit. ........................................ litera

MMR ........................................ Multimedia und Recht
mwN ........................................ mit weiteren Nachweisen

NJW ........................................ Neue Juristische Wochenschrift
NJW-RR ........................................ Neue Juristische Wochenschrift – Rechtsprechungsreport

| | |
|---|---|
| OLG | Oberlandesgericht |
| RabelsZ | Rabels Zeitschrift für ausländisches und internationales Privatrecht |
| RDV | Recht der Datenverarbeitung |
| Rs. | Rechtssache/n |
| Rn. | Randnummer/n |
| S. | Satz |
| Slg. | Sammlung |
| sog. | so genannte/r/s/n |
| TDDSG | Gesetz über den Datenschutz bei Telediensten (Teledienstedatenschutzgesetz) |
| USA | Vereinigte Staaten von Amerika |
| u.U. | unter Umständen |
| vgl. | vergleiche |
| VwVfG | Verwaltungsverfahrensgesetz |
| Web-Dok. | Web-Dokument |
| WP | Working Paper (Arbeitspapier) der Art. 29 Gruppe |
| z.B. | zum Beispiel |
| ZIP | Zeitschrift für Wirtschaftsrecht |
| z.T. | zum Teil |

## Literaturverzeichnis

*Abel, Ralf,* Umsetzung der Selbstregulierung im Datenschutz: Probleme und Lösungen, RDV 2003, 11 ff.

Arbeitskreis „Datenschutzbeauftragte" im Verband der Metallindustrie Baden-Württemberg (VMI): Datenschutzaudit-Stellungnahme, DuD 1999, 281 ff.

Aus den Ländern, Verbindliche Unternehmensregelungen, RDV 2004, 135 f.

Aus der Europäischen Union, Projekt europäisches Datenschutz-Gütesiegel, RDV 2007, 177.

*Backes, Volker / Eul, Harald / Guthmann, Markus / Martwich, Robert / Schmidt, Mirko,* Entscheidungshilfe für die Übermittlung personenbezogener Daten in Drittländer, RDV 2004, 156 ff.

*Bäumler, Helmut,* Datenschutzaudit und IT-Gütesiegel im Praxistest, RDV 2001, 167 ff.

*Bäumler, Helmut / Mutius, Albert von (Hrsg.),* Datenschutz als Wettbewerbsvorteil – Privacy sells: Mit modernen Datenschutzkomponenten Erfolg beim Kunden, 2002, Vieweg Verlag Braunschweig/Wiesbaden.

- *Opaschowski, Horst W.,* Was will der Verbraucher?, 13 ff., zitiert: *Opaschowski* in: Bäumler/Mutius (Hrsg.), Wettbewerbsvorteil.
- *Müller, Edda,* Datenschutz als Verbraucherschutz, 20 ff., zitiert: *Müller* in: Bäumler/Mutius (Hrsg.), Wettbewerbsvorteil.
- *Driftmann, Hans H.,* Datenschutz als positiver Standortfaktor, 39 ff., zitiert: *Driftmann* in: Bäumler/Mutius (Hrsg.), Wettbewerbsvorteil.
- *Büllesbach, Alfred,* Premium Privacy, 45 ff., zitiert: *Büllesbach* in: Bäumler/Mutius (Hrsg.), Wettbewerbsvorteil.
- *Königshofen, Thomas,* Das Datenschutzkonzept der Deutschen Telekom, 58 ff., zitiert: *Königshofen* in: Bäumler/Mutius (Hrsg.), Wettbewerbsvorteil.

- *Karjoth, Günter / Schunter, Matthias / Waidner, Michael,* Unternehmensweites Datenschutzmanagement bei IBM, 68 ff., zitiert: *Karjoth* in: Bäumler/Mutius (Hrsg.), Wettbewerbsvorteil.
- *Roßnagel, Alexander,* Marktwirtschaftlicher Datenschutz im Datenschutzrecht der Zukunft, 115 ff., zitiert: *Roßnagel* in: Bäumler/ Mutius (Hrsg.), Wettbewerbsvorteil.
- *Bizer, Johannes,* Datenschutzrechtliche Informationspflichten – Ein Beitrag für marktwirtschaftlichen Datenschutz, 125 ff., zitiert: *Bizer* in: Bäumler/Mutius (Hrsg.), Wettbewerbsvorteil.
- *Petri, Thomas Bernhard,* Zielvereinbarungen im Datenschutzrecht, 142 ff., zitiert: *Petri* in: Bäumler/Mutius (Hrsg.), Wettbewerbsvorteil.
- *Vossbein, Reinhard,* Auditierung und Zertifizierung des Datenschutzes – erste Schritte, Möglichkeiten und Probleme, 150 ff., zitiert: *Vossbein* in: Bäumler/Mutius (Hrsg.), Wettbewerbsvorteil.

*Bizer, Johann,* Datenschutz als Gestaltungsaufgabe – Das Konzept des proaktiven Datenschutzes, DuD 2007, 725 ff.

*Bruhn, Dirk,* Kundenbindungssysteme und Datenschutz, in: Graf, Christian / Paschke, Marian / Stober, Rolf (Hrsg.), Customer Relationship Management – Kundenorientiertes Management im Spannungsfeld von Datenschutz, Verbraucherschutz und Wettbewerbsrecht, 2005, Carl Heymanns Verlag Köln, 15 ff., zitiert: *Bruhn* in: Graf/Paschke/Stober (Hrsg.), Customer Relationship Management.

*Brühann, Ulf,* Die Veröffentlichung personenbezogener Daten im Internet als Datenschutzproblem, DuD 2004, 201 ff.

*Bull, Hans Peter,* Zweifelsfragen um die informationelle Selbstbestimmung – Datenschutz als Datenaskese?, NJW 2006, 1617 ff.

*Büllesbach, Alfred,* Datenschutz und Datensicherheit als Qualitäts- und Wettbewerbsfaktor, RDV 1997, 239 ff.

*Büllesbach, Alfred (Hrsg.),* Datenverkehr ohne Datenschutz? Eine globale Herausforderung, 1999, Verlag Dr. Otto Schmidt Köln.

- *Jacob, Joachim,* Datenübermittlungen in Drittländer nach der EU-Richtlinie, 25 ff., zitiert: *Jacob* in: Büllesbach (Hrsg.), Datenverkehr.
- *Brühann, Ulf,* Die aktuelle Debatte um den internationalen Transfer personenbezogener Daten, 35 ff., zitiert: *Brühann* in: Büllesbach (Hrsg.), Datenverkehr.
- *Büllesbach, Alfred,* Datenschutzrechtsfragen der internationalen Vertriebsdatenverarbeitung, 51 ff., zitiert: *Büllesbach* in: Büllesbach (Hrsg.), Datenverkehr.
- *Däubler, Wolfgang,* Übermittlung von Arbeitnehmerdaten ins Ausland, 71 ff., zitiert: *Däubler* in: Büllesbach (Hrsg.), Datenverkehr.
- *Schrecker, Iris M.,* Problematik der Umsetzung der EU-Datenschutzrichtlinie in einer Multi-Nationalen Kartenorganisation, 157 ff., zitiert: *Schrecker* in: Büllesbach (Hrsg.), Datenverkehr.
- *Simitis, Spiros,* Der Transfer von Daten in Drittländer – ein Streit ohne Ende?, 177 ff., zitiert: *Simitis* in: Büllesbach (Hrsg.), Datenverkehr.

*Büllesbach, Alfred,* Datenschutz in einem globalen Unternehmen, RDV 2000, 1 ff.

*Büllesbach, Alfred / Höss-Löw, Petra,* Vertragslösung, Safe Harbor oder Privacy Code of Conduct – Handlungsoptionen globaler Unternehmen, DuD 2001, 135 f.

*Burgsdorff, Christoph von,* Die Umsetzung der EG-Datenschutzrichtlinie im nicht-öffentlichen Bereich, 2003, Peter Lang Europäischer Verlag der Wissenschaften Frankfurt am Main, zitiert: *Burgsdorff,* Umsetzung der DSRL.

*Calliess, Christian,* Die Charta der Grundrechte der Europäischen Union – Fragen der Konzeption, Kompetenz und Verbindlichkeit, EuZW 2001, 261 ff.

*Dammann, Ulrich,* Der EuGH im Internet – Ende des internationalen Datenschutzes?, RDV 2004, 19 ff.

*Dammann, Ulrich / Simitis, Spiros,* Kommentar zur EG-Datenschutzrichtlinie, 1997, Nomos Baden-Baden, zitiert: Dammann/Simitis - *Bearbeiter,* DSRL.

*Däubler, Wolfgang / Klebe, Thomas / Wedde, Peter / Weichert, Thilo,* Bundesdatenschutzgesetz Basiskommentar, 2. Auflage 2007, Bund Verlag Frankfurt am Main, zitiert: Däubler/Klebe/Wedde/Weichert - *Bearbeiter,* BDSG.

*Di Martino, Alessandra,* Datenschutz im europäischen Recht, 2005, Nomos Baden-Baden, zitiert: *Di Martino,* Datenschutz.

*Draf, Oliver,* Die Regelung der Übermittlung personenbezogener Daten in Drittländer nach Art. 25, 26 der EG-Datenschutzrichtlinie, 1999, Peter Lang Europäischer Verlag der Wissenschaften Frankfurt am Main, zitiert: *Draf,* Übermittlung.

*Drews, Hans-Ludwig / Kranz, Hans Jürgen,* Argumente gegen die gesetzliche Regelung eines Datenschutzaudit, DuD 1998, 93 f.

*Drews, Hans-Ludwig / Kranz, Hans Jürgen,* Datenschutzaudit, DuD 2000, 226 ff.

Duden, Deutsches Universalwörterbuch, 6. Auflage 2006, Bibliographisches Institut Mannheim, zitiert: Duden, Deutsches Universalwörterbuch.

*Duhr, Elisabeth / Naujok, Helga / Peter, Martina / Seiffert, Evelyn,* Neues Datenschutzrecht für die Wirtschaft – Erläuterungen und praktische Hinweise zu § 1 bis § 11 BDSG, DuD 2002, 5 ff.

*Ehlers, Dirk,* Die Grundrechte der Europäischen Union – Allgemeine Lehren, in: Ehlers (Hrsg.) Europäische Grundrechte und Grundfreiheiten, 2. Auflage 2005, de Gruyter Berlin, 383 ff., zitiert: *Ehlers* in: Ehlers (Hrsg.), Europäische Grundrechte und Grundfreiheiten.

*Ehmann, Eugen / Helfrich, Marcus,* EG-Datenschutzrichtlinie, 1999, Schmidt (Otto) Köln, zitiert: *Ehmann/Helfrich,* DSRL.

*Ellger, Reinhard,* Der Datenschutz im grenzübergreifenden Datenverkehr – Eine rechtsvergleichende und kollisionsrechtliche Untersuchung, 1990, Nomos Baden-Baden, zitiert: *Ellger,* Datenschutz.

*Ellger, Reinhard,* Datenexport in Drittstaaten – Rechtslage nach dem geänderten Entwurf der EG-Richtlinie zum Datenschutz, CR 1993, 2 ff.

*Ellger, Reinhard,* Vertragslösungen als Ersatz für ein angemessenes Datenschutzniveau bei Datenübermittlungen in Drittstaaten nach dem neuen Europäischen Datenschutzrecht, RabelsZ 1996, 738 ff.

*Ellger, Reinhard / Geis, Ivo,* Tagungsbericht Datenübermittlung in Staaten außerhalb der Europäischen Union, CR 1996, 574 ff.

*Gackenholz, Friedrich,* Datenübermittlung ins Ausland unter besonderer Berücksichtigung internationaler Konzerne, DuD 2000, 727 ff.

*Genz, Alexander,* Datenschutz in Europa und den USA – Eine rechtsvergleichende Untersuchung unter besonderer Berücksichtigung der Safe-Harbor-Lösung, 2004, Deutscher Universitäts-Verlag Wiesbaden, zitiert: *Genz,* Datenschutz in Europa und den USA.

*Gerhold, Diethelm,* Aktuelle Überlegungen zur Änderung der Bestellpflicht von betrieblichen Datenschutzbeauftragten, RDV 2006, 6 ff.

*Gerhold, Diethelm / Heil, Helmut,* Das neue Bundesdatenschutzgesetz 2001, DuD 2001, 377 ff.

*Giesen, Thomas,* Das Grundrecht auf Datenverarbeitung, JZ 2007, 918 ff.

*Gola, Peter,* Der auditierte Datenschutzbeauftragte – oder von der Kontrolle der Kontrolleure, RDV 2000, 93 ff.

*Gola, Peter / Klug, Christoph,* Neuregelungen zur Bestellung betrieblicher Datenschutzbeauftragter, NJW 2007, 118 ff.

*Gola, Peter / Klug, Christoph,* Grundzüge des Datenschutzrechts, 2003, C.H. Beck München, zitiert: *Gola/Klug,* Datenschutzrecht.

*Gola, Peter / Schomerus, Rudolf,* Bundesdatenschutzgesetz (BDSG): Kommentar, 9. Auflage 2007, C.H. Beck München, zitiert: *Gola/Schomerus,* BDSG.

*Grabenwarter, Christoph,* Europäische Menschenrechtskonvention, 3. Auflage 2008, C.H. Beck München, zitiert: *Grabenwarter,* EMRK.

*Grabitz, Eberhard / Hilf, Meinhard (Hrsg.),* Das Recht der Europäischen Union, 30. Ergänzungslieferung Stand 30. Juni 2006, C.H. Beck München, zitiert: Grabitz/Hilf - *Bearbeiter,* Recht der Europäischen Union.

*Griller, Stefan,* Der Anwendungsbereich der Grundrechtecharta, in: Duschanek, Alfred / Griller, Stefan (Hrsg.), Grundrechte für Europa, 2002, Springer Wien, 131 ff., zitiert: *Griller* in: Duschanek/Griller (Hrsg.), Grundrechte.

*Heisenberg, Dorothee,* Negotiating Privacy: The European Union, The United States and Personal Data Protection, 2005, Lynne Rienner Publishers Inc., Boulder Colorado, zitiert: *Heisenberg,* Negotiating Privacy.

*Henderson, Harry,* Privacy in the Information Age, 2. Auflage 2006, Facts on File Inc., New York, zitiert: *Henderson,* Privacy.

*Hoffmann, Bernd von / Thorn, Karsten,* Internationales Privatrecht, 9. Auflage 2007, C.H. Beck München, zitiert: *Hoffmann/Thorn,* IPR.

*Hoffmann-Riem, Wolfgang,* Weiter so im Datenschutzrecht?, DuD 1998, 684 ff.

*Jauernig, Othmar (Hrsg.),* Kommentar zum Bürgerlichen Gesetzbuch, 12. Auflage 2007, C.H. Beck München, zitiert: in: Jauernig - *Bearbeiter,* BGB.

*Jewell, Michael:* An Introduction to English Contract Law, 2. Auflage 2002, Nomos Baden-Baden, zitiert: *Jewell,* English Contract Law.

*Karper, Irene / Stutz, Oliver,* Die aktuellen Neuerungen des Bundesdatenschutzgesetzes, DuD 2006, 789 ff.

*Kegel, Gerhard / Schurig, Klaus,* Internationales Privatrecht, 9. Auflage 2004, C.H. Beck München, zitiert: *Kegel/Schurig,* IPR.

*Kley, Karl-Ludwig,* Datenschutzgrundsätze der Lufthansa, DuD 2003, 397 ff.

*Klug, Christoph,* Globaler Arbeitnehmerdatenschutz – Ausstrahlungswirkung der EG-Datenschutzrichtlinie auf Drittländer am Beispiel der USA, RDV 1999, 109 ff.

*Klug, Christoph,* Beispiel richtlinienkonformer Auslegung des BDSG, RDV 2001, 266 ff.

*Königshofen, Thomas,* Prinzipien und Leitlinien für ein Datenschutzaudit bei Multimediadiensten, DuD 1999, 266 ff.

*Königshofen, Thomas,* Chancen und Risiken eines gesetzlich geregelten Datenschutzaudits – Der Versuch einer Versachlichung der Diskussion, DuD 2000, 357 ff.

*Kropholler, Jan,* Internationales Privatrecht, 6. Auflage 2006, Mohr Siebeck Tübingen, zitiert: *Kropholler,* IPR.

*Kuner, Christopher,* European Data Protection Law – Corporate Compliance and Regulation, 2. Auflage 2007, Oxford University Press, zitiert: *Kuner,* European Data Protection Law.

*Kuner, Christopher / Hladjk, Jörg,* Die alternativen Standardvertragsklauseln der EU für internationale Datenübermittlungen, RDV 2005, 193 ff.

*Kühling, Jürgen,* Grundrechte, in: Bogdandy, Armin von (Hrsg.), Europäisches Verfassungsrecht – Theoretische und dogmatische Grundzüge, 2003, Springer Berlin, 583 ff., zitiert: *Kühling* in: Bogdandy (Hrsg.), Europäisches Verfassungsrecht.

Langenscheidt Handwörterbuch Englisch, 2005, Langenscheidt München, zitiert: Langenscheidt Englisch.

Langenscheidt Handwörterbuch Französisch, 2006, Langenscheidt München, zitiert: Langenscheidt Französisch.

*Larenz, Karl / Canaris, Claus-Wilhelm,* Methodenlehre der Rechtswissenschaft, 3. Auflage 1995, Springer Heidelberg, zitiert: *Larenz/Canaris,* Methodenlehre.

*Leopold, Nils,* Bürokratieabbau versus betrieblicher Datenschutz? Stellungnahme zum Entwurf eines ersten Gesetzes zum Abbau bürokratischer Hemmnisse insbesondere in der mittelständischen Wirtschaft, DuD 2006, 436 ff.

*Münch, Peter,* Harmonisieren – dann Auditieren und Zertifizieren, RDV 2003, 223 ff.

Münchener Kommentar, Band 10 Internationales Privatrecht, 4. Auflage 2006, C.H. Beck München, zitiert: Münchener Kommentar - *Bearbeiter,* IPR.

Palandt, Bürgerliches Gesetzbuch, 67. Auflage 2008, C.H. Beck München, zitiert: Palandt - *Bearbeiter,* BGB.

*Petri, Thomas,* Datenschutzrechtliche Einwilligung im Massengeschäftsverkehr, RDV 2007, 153 ff.

*Poullet, Yves / Dinant, Marc,* The internet and private life in Europe: Risks and aspirations, in: Kenyon, Andrew / Richardson, Megan (Hrsg.), New Dimensions In Privacy Law – International And Comparative Perspectives, 2006, Cambridge University Press Cambridge, 60 ff., zitiert: *Poullet/Dinant* in: Kenyon/Richardson (Hrsg.), New Dimensions.

*Rasmussen, Heike,* Die elektronische Einwilligung im TDDSG, DuD 2002, 406 ff.

*Rat für Forschung, Technologie und Innovation,* Bundesministerium für Bildung, Wissenschaft, Forschung und Technologie (Hrsg.), Informationsgesellschaft: Chancen, Innovationen und Herausforderungen – Feststellungen und Empfehlungen, 1995, zitiert: *Rat für Forschung, Technologie und Innovation,* Informationsgesellschaft.

*Räther, Philipp C. / Seitz, Nicolai,* Übermittlung personenbezogener Daten in Drittstaaten – Angemessenheitsklausel, Safe Harbor und die Einwilligung, MMR 2002, 425 ff.

*Räther, Philipp C. / Seitz, Nicolai,* Ausnahmen bei Datentransfer in Drittstaaten – Die beiden Ausnahmen nach § 4c Abs. 2 BDSG: Vertragslösung und Code of Conduct, MMR 2002, 520 ff.

*Reimer, Helmut,* DuD Report: Initiativen zur Entwicklung weltweit gültiger Datenschutzstandards, DuD 2007, 787.

*Rittweger, Christoph / Weiße, Björn,* Unternehmensrichtlinien für den Datentransfer in Drittländer – Die Bedeutung verbindlicher Unternehmensregelungen bei der Übermittlung personenbezogener Daten ins nichteuropäische Ausland, CR 2003, 142 ff.

*Roßnagel, Alexander,* Datenschutzaudit, DuD 1997, 505 ff.

*Roßnagel, Alexander,* Audits stärken Datenschutzbeauftragte - Replik zum Beitrag „Datenschutzaudit“ von Drews und Kranz, DuD 2000, 231 ff.

*Roßnagel, Alexander,* Modernisierung des Datenschutzrechts für eine Welt allgegenwärtiger Datenverarbeitung, MMR 2005, 71 ff.

*Roßnagel, Alexander,* Konflikte zwischen Informationsfreiheit und Datenschutz?, MMR 2007, 16 ff.

*Roßnagel, Alexander / Pfitzmann, Andreas / Garstka, Hansjürgen,* Modernisierung des Datenschutzrechts – Gutachten im Auftrag des Bundesministeriums des Innern, 2001, zitiert: *Roßnagel/Pfitzmann/Garstka,* Modernisierung.

*Ruppmann, Evelyn,* Der konzerninterne Austausch personenbezogener Daten, 2000, Nomos Baden-Baden, zitiert: *Ruppmann,* Konzerninterner Austausch.

*Sanhüter, Thomas,* Datenschutzpolitik im Zeitalter des Internet – Der Konflikt zwischen den Regulierungs- und Informationskulturen USA und EU, 2004, Lit Verlag Münster, zitiert: *Sanhüter,* Datenschutzpolitk.

*Schaar, Peter,* Datenschutzrechtliche Einwilligung im Internet, MMR 2001, 644 ff.

*Schaar, Peter,* Datenschutz im Spannungsfeld von Privatsphäre, Sicherheit und Informationsfreiheit, RDV 2006, 1 ff.

*Scheja, Gregor,* Einführung in das Datenschutzrecht, 2003, Studienbücher zur Rechtsinformatik herausgegeben von Prof. Dr. Jürgen Taeger, Oldenburg, zitiert: *Scheja,* Datenschutzrecht.

*Scheja, Gregor,* Datenschutzrechtliche Zulässigkeit einer weltweiten Kundendatenbank, 2006, Nomos Baden-Baden, zitiert: *Scheja,* Weltweite Kundendatenbank.

*Schipper, Malte,* Neue Instrumente des Datenschutzrechts für das Verhältnis zwischen Privatpersonen und Unternehmen in der Bundesrepublik Deutschland und den Vereinigten Staaten von Amerika, 2003, Lit Verlag Münster, zitiert: *Schipper,* Instrumente des Datenschutzrechts.

*Schröder, Christian,* Verbindliche Unternehmensregelungen: Binding Corporate Rules – zur Verbindlichkeit nach § 4 c II BDSG, DuD 2004, 462 ff.

*Schwintowski, Hans-Peter,* Juristische Methodenlehre, 2005, Verlag Recht und Wirtschaft Frankfurt am Main, zitiert: *Schwintowski,* Methodenlehre.

*Siemen, Birte,* Datenschutz als europäisches Grundrecht, 2006, Duncker & Humblot Berlin, zitiert: *Siemen,* Datenschutz als europäisches Grundrecht.

*Simitis, Spiros,* Auf dem Weg zu einem neuen Datenschutzkonzept, DuD 2000, 714 ff.

*Simitis, Spiros (Hrsg.),* Kommentar zum Bundesdatenschutzgesetz, 6. Auflage 2006, Nomos Baden-Baden, zitiert: Simitis - *Bearbeiter,* BDSG.

*Simitis, Spiros,* Hat der Datenschutz noch eine Zukunft?, RDV 2007, 143 ff.

*Sims, Vanessa,* English Law and Terminology – A Guide for Practitioners and Students, 2. Auflage 2006, Nomos Baden-Baden, zitiert: *Sims,* English Law and Terminology.

*Talidou, Zoi,* Regulierte Selbstregulierung im Bereich des Datenschutzes, 2005, Peter Lang Europäischer Verlag der Wissenschaften Frankfurt am Main, zitiert: *Talidou,* Regulierte Selbstregulierung.

*Terwangne, Cécilede / Louveaux, Sophie,* Data Protection and Online Networks, MMR 1998, 451 ff.

*Tinnefeld, Marie-Theres / Ehmann, Eugen / Gerling, Rainer,* Einführung in das Datenschutzrecht – Datenschutz und Informationsfreiheit in europäischer Sicht, 4. Auflage 2005, R. Oldenbourg München, zitiert: *Tinnefeld,* Datenschutzrecht.

*Weniger, Robert,* Grenzüberschreitende Datenübermittlungen international tätiger Unternehmen nach Maßgabe der Europäischen Datenschutzrichtlinie 95/46/EG, 2006, Verlag Dr. Kovac Hamburg, zitiert: *Weniger,* Datenübermittlung.

*Wörlen, Rainer,* Introduction to English Civil Law for German-Speaking Lawyers and Law Students Volume 1, 4. Auflage 2007, Alpmann und Schmidt Münster, zitiert: *Wörlen,* English Civil Law.

*Wuermeling, Ulrich,* Handelshemmnis Datenschutz – Die Drittländerregelung der Europäischen Datenschutzrichtlinie, 2000, Carl Heymanns Verlag Köln, zitiert: *Wuermeling,* Handelshemmnis.

*Zilkens, Martin,* Europäisches Datenschutzrecht – Ein Überblick, RDV 2007, 196 ff.

*Zippelius, Reinhold,* Juristische Methodenlehre, 10. Auflage 2006, C.H. Beck München, zitiert: *Zippelius,* Methodenlehre.

## Anlageverzeichnis

### Anlage 1

*Schaar, Peter,* Rede auf der Veranstaltung der Jungen Union Rheinland-Pfalz zum Thema „Digitalisierung und Datenschutz – Wer darf was über mich wissen?“, 01.06.2007.
Quelle:
http://www.bfdi.bund.de/cln_030/nn_531026/sid_34D26511A4B33268787DF61842E38880/DE/Oeffentlichkeitsarbeit/RedenUndInterviews/2007/0106VeranstaltungJURhld.-Pf..html
Zugriff: 15.01.2008

### Anlage 2

*Vogt, Ute / Tauss, Jörg,* Entwurf für ein Eckwerte-Papier der SPD-Bundestagsfraktion: Modernes Datenschutzrecht für die (globale) Wissens- und Informationsgesellschaft.
Quelle:
http://spdnet.sozi.info/bawue/tauss/dl/eckpunktedatenschschutztaussvogt1998.pdf
Zugriffsdatum: 15.01.2008

### Anlage 3

Bundesamt für Sicherheit in der Informationstechnik (BSI), Glossar zur Schulung über den IT-Grundschutz, bereitgestellt über das Datennetz der Universität Mannheim.
Quelle:
https://ncc.uni-mannheim.de/bsi-webkurs/gsschul/gskurs/seiten/glossar/gloss_ah.htm
Zugriffsdatum: 15.01.2008

### Anlage 4

eGovernment Portal der Liechtensteinischen Landesverwaltung, Beschluss Nr. 83/99 des gemeinsamen EWR-Ausschlusses vom 25.06.1999.
Quelle:
http://www.llv.li/pdf-llv-sewr-083_99.pdf
Zugriffsdatum: 15.01.2008

**Anlage 5**
*Valles, Cherise M.*, An Alternative Voice: Setting the Course On Data Privacy, Artikel in der International Harald Tribune vom 28.05.2001.
Quelle:
http://www.iht.com/articles/2001/05/28/btalt28.php
Zugriffsdatum: 15.01.2008

**Anlage 6**
*Korff, Douwe*, EC study on Implementation of Data Protection Directive, Study Contract ETD 2001/B5-3001/A/49, Human Rights Centre University of Essex, Cambridge 2002, veröffentlicht auf der Website der Europäischen Kommission am 16.05.2003.
Quelle:
http://ec.europa.eu/justice_home/fsj/privacy/docs/lawreport/consultation/univessex-comparativestudy_en.pdf
Zugriffsdatum: 15.01.2008

**Anlage 7**
Flash Eurobarometer Survey 147 on Data Protection in the European Union, Executive Summary, EOS Gallup Europe im Auftrag der Europäischen Kommission, 2003.
Quelle:
http://ec.europa.eu/public_opinion/flash/fl147_exec_summ.pdf
Zugriff: 15.01.2008

**Anlage 8**
Innenministerium des Landes Baden-Württemberg, Hinweise zum Datenschutz für private Unternehmen und Organisationen Nr. 39.
Quelle:
http://www.im.baden-wuerttemberg.de/fm/1227/him_39.pdf
Zugriffsdatum: 15.01.2008

**Anlage 9**
Empfehlung der Art. 29 Gruppe zur Übermittlungen personenbezogener Daten an Drittländer : Anwendung von Artikel 25 und 26 der Datenschutzrichtlinie der EU, WP 12, GD XV D/5025/98 vom 24.07.1998.
Quelle:
http://ec.europa.eu/justice_home/fsj/privacy/docs/wpdocs/1998/wp12_de.pdf
Zugriffsdatum: 15.01.2008

**Anlage 10**
*Moritz, Hans-Werner / Tinnefeld, Marie-Theres,* Datenschutz im Zeichen einer wachsenden Selbstregulierung, JurPC Web-Dok 181/2003, online seit 28.07.2003.
Quelle:
http://www.jurpc.de/aufsatz/20030181.htm
Zugriffsdatum: 15.01.2008

**Anlage 11**
Empfehlung der Art. 29 Gruppe zu einigen Mindestanforderungen für die Online-Erhebung personenbezogener Daten in der Europäischen Union, WP 43, 5020/01/DE/endg., vom 17.05.2001.
Quelle:
http://ec.europa.eu/justice_home/fsj/privacy/docs/wpdocs/2001/wp43de.pdf
Zugriffsdatum: 15.01.2008

**Anlage 12**
Empfehlung der Art. 29 Gruppe zur Übermittlung personenbezogener Daten in Drittländer: Anwendung von Artikel 26 Absatz 2 der EU-Datenschutzrichtlinie auf verbindliche unternehmensinterne Vorschriften für den internationalen Datentransfer, WP 74, 11639/02/DE vom 3.06.2003.
Quelle:
http://ec.europa.eu/justice_home/fsj/privacy/docs/wpdocs/2003/wp74_de.pdf
Zugriffsdatum: 15.01.2008

**Anlage 13**
Dokumente zu Datenschutz und Informationsfreiheit 2002, Stand Februar 2003, herausgegeben von den Datenschutzbeauftragten von Brandenburg und Berlin.
Quelle:
http://www.datenschutz-berlin.de/jahresbe/02/anl/anlagenband2002.pdf
Zugriff: 15.01.2008

**Anlage 14**
Empfehlung der Art. 29 Gruppe: Muster-Checkliste für Anträge auf Genehmigungen verbindlicher unternehmensinterner Datenschutzregelungen, WP 108, 05/DE, angenommen am 14.04.2005.
Quelle:
http://ec.europa.eu/justice_home/fsj/privacy/docs/wpdocs/2005/wp108_de.pdf
Zugriff: 15.01.2008

**Anlage 15**
Innenministerium des Landes Baden-Württemberg, Hinweise zum Datenschutz für private Unternehmen und Organisationen Nr. 40.
Quelle:
http://www.innenministerium.baden-wuerttemberg.de/fm/1227/him_40_endfassung.pdf
Zugriffsdatum: 15.01.2008

**Anlage 16**
Economic Evaluation of the Data Protection Directive 95/46/EC, Rambøll Management im Auftrag der Europäischen Kommission, Final Report May 2005.
Quelle:
http://ec.europa.eu/justice_home/fsj/privacy/docs/studies/economic_evaluation_en.pdf
Zugriffsdatum: 15.01.2008

**Anlage 17**
Special Eurobarometer Survey 196 on Data Protection, Highlights, European Opinion Research Group EEIG im Auftrag der Europäischen Kommission, 2003.
Quelle:
http://ec.europa.eu/public_opinion/archives/ebs/ebs_196_highlights.pdf
Zugriff: 15.01.2008

**Anlage 18**
Gesetzentwurf der Bundesregierung, Entwurf eines Bundesdatenschutzauditgesetzes, Referentenentwurf, Stand: 07.09.2007.
Quelle:
https://www.datenschutzzentrum.de/bdsauditg/
Zugriff: 15.01.2008

**Anlage 19**
*Roßnagel, Alexander*, Datenschutz in einem informatisierten Alltag, Gutachten im Auftrag der Friedrich-Ebert-Stiftung, Berlin 2007, ISBN 978-3-89892-681-2.
Quelle:
http://library.fes.de/pdf-files/stabsabteilung/04548.pdf
Zugriffsdatum: 15.01.2008

**Anlage 20**
*Schaar, Peter*, Bundesbeauftragter für den Datenschutz und die Informationsfreiheit, Zehn Thesen für eine datenschutzfreundliche Informationstechnik vom 18.12.2006.
Quelle:
http://www.bfdi.bund.de/cln_029/nn_533554/SharedDocs/Publikationen/ZehnTe-
senF_C3_BCrEineDatenschutzfInformationstechnik,templateId=raw,pro
per-
ty=publicationFile.pdf/ZehnTesenF%C3%BCrEineDatenschutzfInformati
onstechnik.pdf
Zugriffsdatum: 15.01.2008

Peter Lang · Internationaler Verlag der Wissenschaften

Mark Ennulat

# Datenschutzrechtliche Verpflichtungen der Gemeinschaftsorgane und -einrichtungen

Frankfurt am Main, Berlin, Bern, Bruxelles, New York, Oxford, Wien, 2008.
225 S.
Europäische Hochschulschriften: Reihe 2, Rechtswissenschaft. Bd. 4669
ISBN 978-3-631-57760-8 · br. € 42.50*

Der Verfasser analysiert die Bedeutung der Datenschutzregelungen des internationalen Rechts für die EG, die Tragweite der Regelungen der Datenschutzverordnung Nr. 45/2001 sowie ihr Verhältnis zu den Transparenzregelungen der Gemeinschaft. Zentrale Frage ist zunächst, ob es einen verbindlichen internationalen Datenschutzstandard gibt. Hierzu werden die internationalen Menschenrechtsabkommen sowie die spezifischen internationalen Datenschutzregelungen und ihre Bindungswirkung gegenüber der Gemeinschaft untersucht. Es folgt eine kritische Bewertung der speziellen Bestimmungen der Datenschutzverordnung. Gegenstand des letzten Teils sind das Spannungsverhältnis zwischen dem Datenschutz- und dem Transparenzgrundsatz und die im Gemeinschaftsrecht angelegten Wege zur Konfliktlösung.

*Aus dem Inhalt*: Internationaler Datenschutzstandard · IPbpR · Artikel 8 EMRK · Bindung der EU an internationale Datenschutzregelungen · Datenschutzverordnung EG Nr. 45/2001 · Transparenzverordnung EG Nr. 1049/2001 · Konflikt zwischen Transparenz und Datenschutz · Offenlegung von Dokumenten · Vorrang des Datenschutzes

Frankfurt am Main · Berlin · Bern · Bruxelles · New York · Oxford · Wien
Auslieferung: Verlag Peter Lang AG
Moosstr. 1, CH-2542 Pieterlen
Telefax 0041 (0)32/3761727

*inklusive der in Deutschland gültigen Mehrwertsteuer
Preisänderungen vorbehalten

**Homepage http://www.peterlang.de**

FSC
www.fsc.org
MIX
Papier | Fördert gute Waldnutzung
FSC® C083411

Kolibri 360 GmbH
Ferdinand-Jühlke-Straße 7
99095 Erfurt, Deutschland
produktsicherheit@kolibri360.de